U0465572

穿 行　诗 与 思 的 边 界

七星哲人文库

学术委员会

（按姓氏笔画排列）

刘　擎（华东师范大学政治与国际关系学院教授）
刘海龙（中国人民大学新闻学院教授）
许纪霖（华东师范大学历史学系教授）
陆　晔（复旦大学新闻学院教授）
吴冠军（华东师范大学政治与国际关系学院教授）
周　濂（中国人民大学哲学院教授）
赵汀阳（中国社会科学院哲学所研究员）
夏　莹（清华大学哲学系教授）
戴锦华（北京大学中国语言文学系教授）

Ein neuer Strukturwandel der Öffentlichkeit
und die deliberative Politik

Jürgen Habermas

公共领域的新结构转型

[德]尤尔根·哈贝马斯 著
蓝 江 译

中信出版集团｜北京

图书在版编目（CIP）数据

公共领域的新结构转型 /（德）尤尔根·哈贝马斯著；蓝江译. -- 北京：中信出版社，2025.1. -- ISBN 978-7-5217-6717-9 (2025.7重印)
Ⅰ.B516.59；D095.165
中国国家版本馆 CIP 数据核字第 2024A8W955 号

Ein neuer Strukturwandel der Öffentlichkeit und die deliberative Politik by Jürgen Habermas
Copyright © 2022, Suhrkamp Verlag AG, Berlin
Simplified Chinese translation copyright © 2024 by CITIC Press Corporation.
ALL RIGHTS RESERVED
本书仅限中国大陆地区发行销售

公共领域的新结构转型

著者：　　[德] 尤尔根·哈贝马斯
译者：　　蓝江
出版发行：中信出版集团股份有限公司
　　　　（北京市朝阳区东三环北路 27 号嘉铭中心　邮编　100020）
承印者：　嘉业印刷（天津）有限公司

开本：880mm×1230mm 1/32　　印张：4　　字数：68 千字
版次：2025 年 1 月第 1 版　　　　　印次：2025 年 7 月第 2 次印刷
京权图字：01-2024-5976　　　　　　书号：ISBN 978-7-5217-6717-9
定价：68.00 元

版权所有·侵权必究
如有印刷、装订问题，本公司负责调换。
服务热线：400-600-8099
投稿邮箱：author@citicpub.com

目 录

前　言　001

第一部分　公共领域的新结构转型　　003

第二部分　协商民主
　　　　　——访谈　049

第三部分　协商民主是什么意思？
　　　　　——反对意见和误解　067

注　释　086

从公共领域到数字界面：
哈贝马斯与数字时代的公共领域转型
　　——代译后记　093

前　言

我要感谢我的同事马丁·泽利格（Martin Seeliger）和塞巴斯蒂安·萨维尼亚尼（Sebastian Sevignani），他们关于我们当前是否应该谈论公共领域的"新"结构性变化的探讨，激励我重新审视这个老问题，尽管长期以来我一直在思考其他问题，只是非常浮光掠影地关注了一些相关著述。另一方面，通过他们为《利维坦》（Leviathan）杂志特刊征集的稿件，我得以了解对该问题的专业讨论的最新情况，该特刊已出版。[1] 我感谢我的同事们提供了这本富有启发的阅读材料。

这一点并不奇怪，这个话题今天正引起广泛的兴趣。因此，我决定把自己收入该刊的文章略加修改，以提供给更多的普通读者。我为该文补充了对协商政治概念的两个解释，它取决于政治公共领域的开明民主决策：一个是为《牛津协商民主手册》（Oxford Handbook on Deliberative

Democracy）所进行访谈的节选版 [2]，另一个是为艾米莉·普拉蒂科（Emily Prattico）编辑的同主题访谈集所作序言的改写 [3]。

尤尔根·哈贝马斯

2022 年 1 月于施塔恩贝格

第一部分

公共领域的新结构转型

60年前出版的《公共领域的结构转型》(Strukturwandel der Öffentlichkeit)一书,马丁·泽利格和塞巴斯蒂安·萨维尼亚尼把它作为他们发起的当前讨论的起点。[1]作为作者,我有两点意见。首先,从销量来看,这虽然是我的第一部作品,但迄今为止仍然是我最成功的作品。其次,我想原因可能在于该书不寻常的效果史:该书包含了对"公共领域"的社会历史和概念历史的描述,这引起了许多批评,但也为更广泛的历史研究提供了新的动力。这个历史方向的问题,并非我们在这里的主题。但对社会科学来说,公共领域的政治概念因此被嵌入更广泛的社会结构背景中。在此之前,在"公共舆论"的概念领域中,这个术语的使用非常不明确。自保罗·拉扎斯菲尔德(Paul Lazarsfeld)以来,民意测验也在记录公共舆论。如今,从社会学上来理解,在现代社会的功能分化中,公共领域所处的位置介于公民社会和政治系统之间。因此,公共领域在功能上有助于社会整合,尤其有助于在政治上对公民进行整合。[2]尽管我意识到公共领域是一种社会现象,其功能不仅仅是帮助宪政国家进行民主决策[3],但我后来也从政治理论的角度处理这个话题[4]。在本文中,我也会从这样一种功能开始探讨,即公共领域在捍卫持续存在的民主共同体的过程中,实施了这一功能。

我将:(1)首先讨论规范性理论和实证性理论之间的关系。(2)然后解释一旦在个体化和多元化社会的条件下实现了制度化,我们为什么就应该以及如何从协商政治的角度来理解民主过程。(3)最后,回顾一下容易发生危机的资本主义民主的难得一遇的稳定条件。在这个理论框架下,1962年的《公共领域的结构转型》一直是一项社会历史研究的初步工作,我概述了数字化变革对媒体构成的挑战,及其对政治进程的影响。(4)数字化通信技术的进步最初促成了边界的逐渐消失,但也导致了公共领域的分裂。在编辑性公共领域之外,新媒体平台还创造了一个交往空间,在这个空间里,读者、听众和观众可以自发地扮演作者的角色。(5)我们可以从一项关于扩大的媒体服务使用的纵向调查结果中看出新媒体的影响力。虽然互联网的使用在过去20年里迅速扩张,电视和广播都或多或少地保持了其份额,但印刷报纸和杂志的消费量却在急剧下降。(6)新媒体的兴起是在对网络通信进行商业开发的背景下发展起来的,目前几乎不受管制。一方面,这有可能使负责的职业群体如传统报纸出版商和记者失去经济基础;另一方面,一种半公开的、零碎的和循环的交往形式似乎在社交媒体的专属用户那里得到了肯定,这使他们对政治公共领域本身的感知发生了改变。如果这个假设是正确的,那么对于越来越多的公民来说，使他们形成舆论和意志的协商模式的一个重要主观前提，或多或少会受到威胁。

一

在讨论政治公共领域在民主宪政国家中的作用的诸多著作中，我们通常区分实证研究和规范理论——约翰·罗尔斯所谓"理想理论"。我认为这是一个过于简化的区分。在我看来，民主理论应该理性地重构自18世纪末宪政革命以来获得的积极有效的规范和实践的合理内容，这些内容业已成为历史现实的一部分。如果不根据民主宪政国家应该满足的规范性要求来解释民主舆论形成过程的实证研究，那么实证研究就会失去意义，这一事实让人们注意到一个有趣的情况。诚然，这需要做一个简短的历史回顾，因为只有在那些赋予基本权利以正面效力的革命行为中，公民才会意识到这种新的规范梯度，从而变成社会实在本身。

基于基本权利的宪政秩序有着严格的规范性，这在历史上十分新鲜，基本权利并不饱和，让其可以超越社会现状，让其可以提出具体需求，我们可以在社会规范性的通常形式下更好地理解它。社会现象，无论行动、交往，还是人为的价值或规范、习惯或制度、合同或组织，都具有规范性。这反映在出现可能的违规行为上——规则可以被遵守，也可以被违反。现在有不同种类的规则：逻辑规则、数学规则、语法规则、游戏规则，以及工具性和社会性的行动规则，而这些规则又可以根据策略和规范性互动进一步加以区分，尤其是我们通过"应然"正确的特殊模式区分出后一种规范。[5] 从对违规行为的制裁中可以看出，这种对规范性的行为预期，或多或少提出了道德上的严格要求。与轴心时代的世界观一起出现的普遍主义道德观念的特点是，它要求从原则上平等对待所有人。在欧洲启蒙运动的过程中，这种道德认知潜力已经摆脱了不同宗教或意识形态的背景，并以这样一种方式区分开来——根据今天仍然具有权威的康德学说，每个人在他或她不可剥夺的个性中都应得到同等的尊重，并应得到同样的待遇。根据这种观念，必须根据个人处境，并准确地根据这些普遍规范来判断每个人的行为，从所有可能受其影响的人的角度来看，这些普遍规范对所有人都同等有利。

在目前的背景下，这一进展所产生的社会学后果非常值得人们关注。我们必须回想一下理性道德空前的激进性，以衡量这种平等主义-个人主义的普遍主义提出的应然要求的严格性；然后，从基于理性道德视角转换到受这种道德启发的理性法律,用来理解自前两次宪政革命以来,这种严格的道德认知潜力如何成为国家承认的基本权利的核心,从而形成了一般的实在法的核心。随着基本权利和人权的"宣言",理性道德的实质已经转化为由主观权利构建的具有约束力的宪法的媒介中!这就是"基本权利"。随着在18世纪末建立了历史上尚无前例的民主宪政秩序,那些法律上自由平等的公民的政治意识中,已经具备了迄今为止不为人知的规范梯度的张力。大力提倡人们对新规范进行自我理解,与莱因哈特·科塞莱克(Reinhart Koselleck)所研究的新历史意识携手并进,向着未来努力推进。总之,这是一次复杂的意识变化,嵌入了资本主义社会生活条件的变化发展之中,同时,技术进步加速了这一变化。然而,与此同时,这种变化发展在西方社会中产生了一种防御性的心态,它感到自己淹没在社会随着技术和经济发展而不断增长的复杂性当中。但延续至今的社会运动不断激起人们对被压迫者,被边缘化的和被贬低的人,饱经苦难的人,被剥削者,以及弱势群体、社会阶层、亚文化、性别、民族、国家和大陆没有被完全涵盖的意识,这告诉我们,在人权的正面有效性与迄今仍未饱和的人权内容之间仍然存在鸿沟,人权不仅仅是国家层面上的宣言。[6] 因此,我想说的是,公民应该从参与角度,看到自己参与了基本权利逐步实现的过程，尽管这些基本权利没有完全涵盖，但已经具有了正面的有效性，这是民主社会存在的前提条件之一。

除了这些实现基本权利的长期过程之外，我感兴趣的是，在一个民主构成的政体中，自由和平等的公民地位与某些想当然的理想化联系在一起的正常情况。因为当公民参与他们的公民实践时，他们不得不做出直观的（和反事实的）假设，即他们所实践的公民权利通常会实现他们的承诺。特别是关于政治制度的稳定性，民主宪法的规范性核心，必须扎根于公民意识中，也就是扎根于公民本身的隐性信仰中。必须从直觉上相信宪法原则的人不是哲学家，而是绝大多数公民。另一方面，他们也必须能够相信，在民主选举中，他们的选票是平等的；在立法和司法中，在政府和行政部门里，基本上行事都是光明正大的；而且，作为普遍规则，在做出有疑虑的决策时，有公平的机会对决策进行修正。即使这些期望太过理想化，有时或多或少地在实际中无法企及，但它们通过公民的判断和行为创造出一种社会事实。这些实践的问题不在于参与者假设是否太过理想化，而在于其机构的可信赖程度，这些机构不能明显和永久地否认这些理想化的假设。倘若不是在这几十年来，政治精英们的做法让相当一部分公民感觉到，他们的合法的、受宪法保障的预期落空，特朗普很难一呼百应，让公民在2021年1月6日愤怒地冲进国会大厦。因此，为这种宪政国家量身定做的政治理论必须以这样一种方式来设计，即，既要公正地对待一个道德上实质性的基本权利体系在具体方面上的理想化的剩余（idealisierenden Überschuss），使公民有意识地参与到民主合法规则的实施过程，又要有一定的社会和制度条件，使公民可以始终相信与其实践相关的必要的理想化假设。

因此，民主理论不需要承担设计的任务，即构建和论证公正的政治秩序的原则，以便以教育的方式向公民灌输这些原则；换句话说，它不需要把自己理解为一种规范设计的理论。相反，它的任务是根据现有法律和相应的直觉预期以及公民的合法性概念来合理地重构这些原则。它必须明确历史上业已确立和证明的，即足够稳定的宪法秩序的基本意义，并解释能够在其公民意识中为事实上的政府实际实施统治提供合法性的理由，从而同时保证公民的参与。[7]政治理论在阐明参与政治生活的广大公民的隐性意识的范围内，可以反过来塑造他们的规范性自我理解，这一事实与当代学术史的作用并没有什么不同，就其本身而言，它在操行上（performativ）影响了它所代表的历史事件的发展。这并不意味着政治理论本身发挥着教育作用。

这就是为什么我不认为协商政治是一个牵强的理想，我们必须用之来衡量现实，而认为它是多元社会中所有真正的民主存在的前提条件。[8] 因为一个社会的社会状况、文化生活形式和个人生活方式越是迥然有别，就越缺乏必需的背景共识，越需要公共舆论和意志形成的共同性来弥补现有背景共识的不足。

起源于 18 世纪末的宪政革命的古典理论，可以视为建立民主宪法的规范性设计。但是，如果今天的政治理论可以简单地认为，随着宪法思想的过度发展，具有约束力的宪法规范的正面有效性与宪法现实之间的张力关系已经渗透到现代社会的现实当中，并且在急剧可见的不和谐情况下，这种张力关系至今还能引发大规模的抗议动员，那么，它必须意识到自己的重建任务。共和主义和自由主义的理论传统都随意地扭曲了这一思想本身，它们单方面地把人民主权或法治放在首位，从而忽略了个人行使的主观自由和主体间行使的人民主权一样具有独特性。因为这两次宪政革命的思想是建立一个由自由同盟组成的自决联合体，据此，这些人作为民主的共同立法者，最终必须通过根据普遍法律平等分配的主观权利来授予自己以自由。根据这种集体自决的思想，将人人权利平等的平等主义普遍性与每个人的个人主义结合起来，民主和法治处于平等地位。然而，只有围绕协商政治理念的商谈理论才能对这一理念做出公正的评价。[9]

二

协商政治的方法可以追溯到德国三月革命前的早期自由主义思想世界，但与此同时，它在福利国家背景下得到了发展。其主要优点在于，它解释了在没有共同宗教或世界观的多元社会中，在直观的宪政共识背景下，政治妥协是如何产生的。随着国家权力的世俗化，其在合法性上有所欠缺。因为统治王朝的君权神授信仰不足以使现代社会合法化，它需要从自身内部使自己合法化，并且恰恰凭借民主意志形成的法律制度化程序产生合法性的力量。宗教的合法性思想并没有被另一种思想取代，而是被民主的自我授权程序取代，为了让拥有自由和平等权利的公民行使这种权利，这种权力以平等分配的主观权利的形式得到了制度化。乍看起来，这种说法相当玄妙，从这种民主意志形成程序的法律制度化过程中，即从纯粹的合法性中，如何产生让人们普遍信服的合法性结果。解释这一问题的关键在于，分析这一程序从参与者的角度获得的意义，即它的说服力归因于两个不可能相互结合的条件：一方面，该程序要求将所有可能受决策影响的人包括在内，作为平等参与者，参与民主意志形成；另一方面，它使民主决策，即由所有人共同做出的决策，建立在之前协商的或多或少的商谈性质的基础上。这使得包容性意志形成建立在事先形成舆论的过程中所使用的各种理由的力量的基础上。包容性符合所有相关人员平等参与民主意志形成的民主要求，而经过协商的过滤，则涉及在认知上对正确和可行的问题解决方案的预期，并证明了对理性上可接受结果的假设是合理的。这一假设又可以通过以下可证伪的方式来验证：在多数决策之前的协商中，所有相关的议题、必要的信息和合适的解决方案建议都尽可能地提出来，要有正反两方面的论证。正是这种自由协商的要求解释了政治公共领域的核心作用。[10]顺便说一句，这种抽象思考在历史上得到了证实，首先在英国，然后在美国，在法国和其他欧洲国家，类似于"公民公共领域"的东西与自由民主同时出现了。

然而，民主进程的这两个要求，即协商和所有公民参与，只能在国家机构层面首先是在议会立法的代表机构中实现，即使是大致的实现。这解释了公共领域的政治交往对整个民主进程所能做出的重要但有限的贡献。它做出了重大贡献，因为它展现了唯一一个从根本上代表政治舆论和意志形成的地方，包括所有有资格投票的成年公民。它又能反过来激励公民集体做出决定，但作为个人，在投票室的隔离状态下，只能是"遵循自己的自由意愿"。这些选举决定导致了对所有公民具有约束力的结果，因为它们决定了议会的政党政治组成，并且直接或间接地决定了政府。另一方面，在民主国家中，政治公共领域对民主舆论和意志形成的贡献是有限的，因为一般来说，这里不会做出具有集体约束力的个人决定（只有在极少数情况下，如果某些基本问题十分清楚明确，才允许进行这种公民投票）。在大众传媒的引导下，在分散的公民受众中形成舆论，这产生了多元的公共舆论。从议题、文稿和信息中汇编而成的公共舆论因而独具特征，在相关问题、正确的政策目标和最佳的问题解决策略上展开竞争。在我们当前的背景下，有一个情况特别重要：国家公民的意愿，也就是主权者的意愿，在整个政治体系的决策中的总体影响力，在很大程度上取决于大众传媒对这种舆论形成的解释性质量（aufklärenden Qualität）。这是因为，舆论形成是通过记者对议题的设置、替代建议、信息、赞成和反对的立场来维持的。总之，专业媒体的功能取决于政党、利益集团和社会职能系统的公关机构的信息渠道，以及公民社会组织和知识分子向公共领域提供了多少投入。通过这种或多或少经过媒体系统过滤的已知的多元化舆论,每个公民都有机会形成自己的意见,并从自己的观点出发,尽可能地做出理性的选举决定。然而,公共领域本身的舆论和决定的竞争仍然是开放的;这里的协商仍然不同于个别选民的决定,因为在公共领域中,选举投票只是一个准备。只有他们选出的成员才能按照民主程序相互协商和做出决定。只有在代表机构和其他国家机构中,特别是在法院的正式场合中,议事规则才是针对舆论和意志形成的协商形式而制定的,这就证明了或多或少可以合理接受的大多数决定在理性上是可以接受的。

为了正确评估政治公共领域的有限贡献,我们必须把宪法的组织部分和基于分工的政治体系结构作为一个整体来看待,并像流程图一样来解读。然后,我们可以看到公民的舆论和意志形成是如何超越选举,并被引导到政党政治、立法、司法、行政和政府等职能系统的游说渠道中去的。它最终汇入法律框架内的决定,这些决定来自功能需求、政治和社会利益以及选民偏好之间的妥协。然后,合法的政治结果又被政治公众评估和批评,并在选举期结束后被处理成新的选民偏好。政治商谈也是以达成协商目标为导向,这一假设常常被误解。它绝不意味着可以将民主进程看成一个和平的研讨会的理想主义观念。相反,我们可以认为，合理的参与者对其争论的信念的真实性或正确性的定位，只会让政治争端火上浇油，并让政治讨论陷入最根本的争议性。争论就是矛盾。在商谈的意见冲突中出现的认知潜力，只有通过相互说"不"的权利——实际上是鼓励说"不"——才能展开，因为商谈是为参与者的自我纠正而设计的，若没有相互批评，他们就无法从对方那里学到东西。这就是协商政治的关键（Witz）：在政治争端中，我们可以完善我们的信念，更接近问题的正确解决方案。在公开发表的反对意见的嘈杂声中，只有一件事被当作前提：在共同宪政原则上达成共识，所有其他争议都因而获得了合法性。在这种共识的背景下，整个民主进程由公民为寻求理性上可接受的、以真理为导向的决定组成，而这些决定会一次又一次地激起各种异议的浪潮。

在公共领域中，选民形成舆论和意志的协商性质，是以贡献的商谈质量来衡量的，而不是以达成共识的目标来衡量的；相反，参与者的真理导向应该是点燃一种无限制的意见争端，从中出现相互竞争的公众舆论。这种在公共领域不断提出异议的动力也是各党派之间、政府与反对派之间竞争的特点，也是专家之间意见分歧的特点；以这种方式动员起来的论证，之后可以为在政治系统的适当位置上按程序做出有约束力的决定提供信息。在公开辩论和选举活动中，在政党争端中，在议会及其委员会的谈判中，在政府和法院的协商中，说"不"的无政府力量得到制度化，只需要事先让所有参与者在其宪法的基本意向上达成政治整合。这很简单：它只阐明公民的朴素意愿，即他们只遵守自己制定的法律。如果没有这种协商民主在自我立法意愿上的意义共识，那些少数群体就没有理由在有限的时间内服从多数人的决策。然而，我们不能忘记最终决定民主命运的主要因素：从规范的角度来看，制度化的意愿形成作为一个整体必须以这样的方式发挥实际作用，即选民的宪政共识不时地被经验证实。我们必须能认识到在政府行动的结果与选民的决策投入之间的关联，以使公民能从中看到他们自己的民主舆论和意志形成的合理化力量。[11]公民必须能够感觉到他们的意见争端既是一种后果，也是关于更好的理由的争议。[12]

但情况并非如此，即使在最古老的盎格鲁-撒克逊民主国家也不是这样。特朗普支持者冲击国会大厦，也只能理解为选民的情绪反应，因为几十年来他们已经认识到自己的利益遭受忽视，而政治体系并没有以具体而显著的方式来严肃对待这种忽视的后果。自20世纪末以来，几乎所有的西方民主国家都陷入政治衰退当中，这导致了公共辩论的理性化力量下降，在一些国家里这种理论几乎已经殆尽,这些都代表着政治衰退。民主制度的问题解决能力依赖于协商政治的流动性,这突出了政治公共领域的核心作用。

然而,如果没有一个合适的环境,协商政治的先决条件——这对民主统治的合法化至关重要——就无法在人民群众中获得支持,毕竟"所有权力"都应该来自群众。政府行动、最高法院的关键决定、议会立法、政党竞争和自由政治选举都需要积极的公民,因为政治公共领域植根于公民社会,而公民社会是一个传声筒,可以修复重要的功能系统故障,可以建立政治与其社会"环境"之间的沟通联系。此外,唯有当公民社会组织公众关注公民的相关问题时,它才能为政策制定者提供一种政治预警系统的功能。然而,在西方现代民主国家巨大的领土社会(Territorialgesellschaft)中,公民参与功能要求从一开始就与作为社会公民的国家公民所希望和必须履行的、私人和个人的义务和利益相矛盾。公民的公共和私人角色之间的这种结构性冲突也反映在公共领域中。在欧洲,资产阶级公共领域在其文学和政治形式上,只有在国家和社会、公共和私人经济领域功能性区分的社会结构前提得到满足之后,才能逐渐摆脱旧有形式的阴影——首先是教会治理的宗教公共领域,其次是皇帝、国王和亲王所体现的代议制公共领域。因此，从相关人士的生活世界的角度来看，由政治上活跃的公民组成的公民社会本质上站在私人领域和公共领域之间的张力关系中。我们将看到，公共传媒的数字化模糊了人们对生活中私人领域和公共领域之间界限的感知，尽管这种区分的社会结构的前提条件没有发生改变，但这也对法律制度产生了深远的影响。从今天社交媒体用户在其中活动的半私密、半公共的交往空间来看，以前与私人领域明显分离的公共领域的包容性特征正在消失。正如我将指出的，这是媒体用户主观方面的令人不安的现象，同时也引起了人们对新媒体的政治监管不足的关注。

三

在我讨论媒体结构的具体变化，以及这种变化对公共领域的政治功能产生何种影响之前，我想说一下协商政治必须充分满足的经济、社会和文化条件。只有在资本主义民主国家危机趋势的复杂原因的背景下，我们才能评估公共媒体的数字化可能对协商舆论和意志形成的其他相关原因的有限影响。

积极的公民意识首先需要一种广泛的自由政治文化，这种文化是由态度和理所当然的文化前提组成的精妙结构。这是因为民众对民主宪政原则的基本理解在很大程度上是隐性的,它蕴含在广泛的历史记忆和传统信仰、实践和价值取向的网络之中;只有通过根深蒂固的政治社会化模式和官方的制度化的政治教育模式,这些东西才得以代代相传。例如,在纳粹时代结束后,德意志联邦共和国(旧)人口的政治再社会化需要半个世纪的时间——尽管之前已经有了150年的法治发展。这说明任何适应自由政治文化的过程都必须克服这些困难。这种文化的道德核心是公民愿意对等地承认他人是同胞,是拥有平等权利的民主立法者。[13]这从开放的妥协精神开始,将政治对手视为对手,而不再视为敌人,并继续跨越不同种族、语言和宗教生活方式的界限,将希望彼此保持陌生的陌生人平等地纳入共同的政治文化中。在文化多元的条件下,这种政治文化必须不同于各自人群的主流文化,因此每个公民都能在一个多元化的社会中再次找到认同感。一个社会的社会纽带,无论其组成有多大不同,只有政治整合才能普遍地保证公民的团结,这种团结并不需要无条件的利他主义,而是需要有限度的平等互助的意愿,让社会纽带不至于断裂。这种相互协作超越了根据自己的利益做出妥协的意愿,但在同一政治共同体的成员之间,它只与在时间上不确定的、在长期内可能需要的利益互惠平衡的期望有关,而恰恰是怀着这种期望，对方才会在类似的情况下感到有义务提供类似的援助。[14]自由主义的政治文化并不是自由主义态度的根本原因；它需要以共同利益为导向，即便这种导向对成员的要求并不高。为了使多数人的决策在任意情况下都能被处于弱势地位的少数人接受，并不是所有公民都必须仅仅从他们的短期自身利益出发做出选举决定。他们中必须有足够的且更有代表性的比例，也愿意在共同利益中扮演民主共同立法者的角色。

积极的公民社会的第二个必要条件是一定程度的社会平等，使选民能够自发和充分地参与民主舆论和意志形成的过程，而这一过程绝不能是强制性的。宪政国家的基本权利体系的架构，一方面以主体的私人权利（和福利国家的权利）保障社会公民私人的自由，另一方面，只有从公民的私人自治和公共自治除各自的内在价值外还互相发挥补充作用的功能意义上，我们才能理解以主体的公共交往和参与权利保障公民的政治自治。一方面，政治权利赋予公民参与民主立法的权力，民主立法决定了诸如私人权利和需求的分配，从而决定了社会公民获得地位的大小；另一方面，这种社会地位又为公民实际行使其公民权利创造了社会前提和动机。社会地位与选民投票率之间的密切关系是有据可查的。但是，只有当民主选举真正纠正了实质性的、结构性的、根深蒂固的社会不平等现象时，这种民主参与和确保社会地位彼此促进的预期才会发挥作用。实证研究证明，当生活条件得不到明显改善，地位较低的人群因不满而采取放弃态度时，恶性循环就会形成。那么，曾经对这些弱势阶层的利益"负责"的政党，往往会忽视他们目前无法指望得到任何选票的群体，而这种倾向反过来又强化了弱势地位人群放弃权利的动机。[15]如今，民粹主义运动成功地调动了这些非选民的潜力，这不是恶性循环的逆转（Umkehrung），而是具有讽刺意味的反转（Verkehrung）。[16]然后，这些激进的非选民团体自然就不再在民主选举的前提条件下参与选举，而是作为"体制内的反对派"，带有阻挠的意图。[17]即使这种"脱节者"（Abgehängten）的民粹主义不能完全用日益恶化的社会不平等来解释，因为其他阶层也感到"脱节"，为适应加速的技术变革和社会变革而感到疲惫不堪，但无论如何，它是社会严重解体和缺乏成功有效的政策来应对这些问题的表象。

最后，这引起了人们对民主国家和资本主义经济之间不稳定关系的关注，这种关系往往会进一步巩固社会的不平等。福利国家需要各种相互冲突之间的平衡，（在这个层面上）这才是一个名副其实的民主制度的第三个前提条件。正是从政治经济学的角度,可以清楚地看到政治制度和社会之间的系统关联,而我也正是从这个角度来关注当时公共领域的结构转型。[18]然而,自由的政治文化对国家来说更多是一种或多或少可以得到满足的边际条件,而非国家本身能够用行政手段影响其发展。如果涉及社会阶层和现有的社会不平等程度,情况就会有所不同。无论如何,自我延续的资本主义现代化都需要国家进行监管,以遏制社会解体的离心力。20世纪下半叶在民族国家民主宪政框架内出现的福利国家,必须在日益苛刻的合法性条件下采取这样的政治对策。为了避免社会整合的危机,正如克劳斯·奥菲(Claus Offe)所表明的那样,他们试图满足两种相互冲突的要求:一方面,他们必须确保资本有充分获利的条件,以便产生税收;另一方面,他们必须从政治和社会正义的角度,满足一定的法律条件和物质条件,让广大阶层民众有兴趣行使其私人自治和公共自治的权利,否则他们会觉得被剥夺了民主合法性。然而,资本主义民主国家只有在发挥其充分治理能力的情况下,才能在这两个必要条件之间找到一条避免危机的道路。换句话说,干预主义政策的范围必须与确保国家繁荣的经济周期的程度相吻合。显然,这个条件在西方民主国家只是暂时得到了满足,直到世界范围内放松市场监管和金融市场全球化进而控制国家的金融政策时为止。

我们如果以这些粗略的系统观点为基础来描述国家公共领域的历史,就会发现,对这些公共领域在不同历史时期的运作框架条件做出站得住脚的概括有多么困难。国家的特殊性覆盖了民族国家组织资本主义的总体趋势,这种趋势决定了战后西方的民主发展,直到新自由主义的转向。虽然在这一时期,福利国家的发展加强了民众对民主的认同,但在消费社会的发展过程中,也已经出现了去政治化的倾向(其雏形可能是我在《公共领域的结构转型》中过分强调的东西,在阿登纳时期,这曾被认为是独裁的倾向)。然而,自从新自由主义政策变革以来,西方民主国家已经进入了一个内部不稳定因素越来越多的阶段。此后,气候危机的挑战和日益增长的移民压力,以及人们对中国和其他"新兴经济体"的崛起及其带来的全球经济和政治形势变化,使这种情况更加恶化。在国内,社会不平等已经日益严重,以至于民族国家的行动范围受到了全球放松管制的市场的限制。在受影响的亚文化中,对社会衰退的恐惧与对民族国家无力应对加速的社会变革的焦虑同步增长。

除了新冠疫情造成的新的全球政治形势之外,这些情况确实容易让团结在欧盟中的民族国家实现更强大的一体化前景，即试图通过在跨国层面上创造新的政治行动力，来重新获得它们在国家层面上丧失的能力。[19] 然而，对全球治理制度方案的冷静描述，强化了而不是消除了国家之间权力的不平等，很难让人产生希望。[20] 特别是，欧盟在面对其当前问题时的优柔寡断突显了一个问题，即民族国家如何在跨国层面上联合起来构成一个民主政权，这个政权本身不具有国家性质，但却具有全球行动力。这也预示着国家公共领域将更加明显地相互开放。但欧盟内部的分裂和停滞不前，以及最终实现了的英国脱欧，反而说明现有民主制度的孱弱，甚至可能说明大国的世界政治或将发展成一种新帝国主义。目前，我们还不知道一个受疫情困扰的世界社会所面临的国家内部问题和全球经济问题，世界各国有能力采取行动的政治精英会如何认知和面对。目前，对于理想政策转向社会经济议程并以加强核心欧洲的一体化为方向，几乎没有任何迹象可寻。

四

如果政治公共领域要发挥其作用，产生符合协商政治标准的竞争性公共舆论，那么媒体系统至关重要。这些舆论的协商质量取决于它们在形成过程中是否满足投入

（Input-Seite）、产出（Throughput-Seite）和输出（Output-Seite）方面的某些功能要求。只有当舆论制造者及其职能子系统的利益代表和公关机构，最后还有来自公民社会的各种行动者，对发现需要监管的问题有足够的反应，然后提供正确的输入，公共舆论才有意义。公共舆论只有在舆论制造者的相应话题和文稿进入公共视野，并在输出方面引起更多有选举权的选民注意时，才会有效。我们的兴趣主要是针对负责产出舆论的媒体系统。尽管对公民社会的行动者来说，在日常生活和公共活动中的面对面接触是公共领域的两个临近领域，他们自己的倡议就是从这两个领域产生的，但由大众传媒引导的公共传播是唯一的领域，在这里，各种声音可以凝结成相关的和有效的公共舆论。我们的主题是数字化如何改变控制这种大众传播的媒体系统。技术上和组织上高度复杂的媒体系统需要一个专业化的工作人员，在公民凝结公共舆论的传播流中扮演守门人的角色（如现在所说的角色一样）。这些人员包括为新闻机构、媒体和出版社工作的人员，即在媒体和文学事业中履行作者、编辑、校对和管理职能的专业人士。这些人员对舆论进行产出的引导，与组织生产技术和组织发行销售的公司一起，构成了公共领域的基础设施，最终决定了公共传播的两个决定性参数——产品的覆盖范围和协商质量。

对公开发表的意见的接受究竟有多大的包容性，这些意见在输出端被读者和听众接受的强度和时长，并在上述政治公共领域的两个临近领域进一步加工成有效的公共舆论，最后以选举结果的形式反馈给政治系统，这最终取决于媒体用户，即他们的注意力和兴趣，他们的时间安排，他们的教育背景，等等。

数字媒体对政治公共领域新结构转型的影响，可以从大约新世纪初以来的媒体使用范围和类型中看出。这种转型是否也会影响到公共辩论的协商质量，这仍然是一个开放的问题。正如传播学、政治学和选举社会学的相关研究，特别是对选民投票率和公众不知情的研究所表明的，即使在数字化之前，公共传播的这两个方面的程度也是不尽如人意的；它们所指向的民主条件，尚未达到危及稳定的程度。今天，政治衰退的迹象是肉眼可见的。政治公共领域的条件是否以及在多大程度上导致了这一点，必须通过公共舆论形成的包容性以及公开剖析的舆论的合理性来证明。显然，对后一个变量的实证研究面临重大障碍。虽然有媒体使用方面的数据，但"协商质量"这样的理论变量对于委员会、议会或法院等个别机构中受程序管制的舆论形成来说，已经很难操作[21]，而对于大规模国家公共领域中不受管制的传播过程来说，就更难操作了。然而，对媒体使用的长期比较研究的数据提供了一个基础，可以从对正在使用的媒体服务的质量的独立评估中推测出公共舆论的反响程度。不过，在我进一步探讨这个问题之前，我们必须明确新媒体的革命性特征。因为它们不仅仅是以前的媒体服务的延伸，而且是人类历史上媒体发展的一个里程碑，可以与印刷术的引入媲美。

在从口口相传到书写文字的第一次进化之后，近代早期机械印刷机的引入，将字母符号从手写羊皮纸上分离出来；随着电子数字化的发展，二进制编码字符以类似的方式从印刷纸张上分离出来，这一变革至今已有几十年光景。在这个进一步的、同样重要的创新过程中，我们这个多嘴多舌的物种的通信流，以前所未闻的速度在整个地球上传播、加速和联网。回看一下，在世界历史的所有时代均是如此。随着这种空间和时间界限在全球范围内消解，它们同时根据功能和内容进行了区分和倍增，并跨越文化和阶级的界限得到广泛的推广。发起这第三次通信技术革命的创新理念是计算机的全球联网，其结果是，在任何地方的任何人都可以与地球上其他任何地方的任何人进行交往，而起初只有科学家使用这一新技术。1991年，美国国家科学基金会做出决定，将这一发明提供给私人使用，这也意味着可用于商业用途。这是两年后建立互联网的关键一步。这为通信技术发展的逻辑完成创造了技术基础,人类在历史的进程中,逐渐克服了语言交流的最初障碍,即仅限于人与人在现场相互进行口头交谈。对于生活和功能的许多领域来说,这种创新毋庸置疑带来了史无前例的飞跃。但对于民主公共领域来说,交流的边界离心式消解,同时这种距离的消解带来了任意距离的、任意数量的参与者的扩张,发展出一种不可思议的爆发力;由于这种交流方式仍以具有强大行动能力的国家组织为中心,公共领域暂时被限制在国家领土之内。[22]边界的消解和交流可能性的加速扩张,以及公共主题范围的不断扩大,无疑对政治公民也是有利的。客厅电视屏幕上的世界也变小了。通过智能手机接收新闻产品或广播电视节目时,其内容没有任何变化。当电影为网飞(Netflix)等流媒体服务而制作时,这可能会导致有趣的审美变化,但电视的竞争早已预示了收看方式的变化和电影院的越来越空。另一方面,新媒体除了其明显的优势,新技术也对国家框架内的政治公共领域产生了矛盾的和潜在的破坏性影响。这是由于新媒体用户利用了提供无限链接的可能性,即采用"平台"的方式与任意接收者进行交流。

对于公共领域的媒体结构来说,这种平台特征实际上就是新媒体的新意所在。因为平台摒弃了传统媒体所扮演的新闻中介和节目设计的生产性角色；在这一点上，新媒体不是传统意义上的媒介，它们从根本上改变了迄今为止在公共领域普遍存在的传播模式。因为它们在原则上赋予所有潜在用户以权力，使其成为独立和平等的作者。新媒体与传统媒体的不同之处在于，数字公司利用这一技术为潜在用户提供无限的数字网络可能性，就像为它们自己的传播内容提供白板。它们不负责自己的"节目"，即像传统的新闻服务或出版商如报刊、广播或电视那样，负责专业制作和编辑过滤其传播内容。它们不生产，不编辑，也不选择，但通过在全球网络中作为"不负责任的"中介创造新的联系，并随着呈定额倍增的偶然和意外，启动和加强不可预测的商谈内容，它们深刻地改变了公共传播的特征。

节目在发送者和许多潜在接收者之间建立了线性和单向的联系；双方以不同的角色相遇，即一方面作为可公开识别或已知的生产者——编辑和负责其出版物的作者，另一方面作为读者、听众或观众的匿名受众。相比之下，平台提供了一个多功能的交流环节，对网络开放，在潜在的许多用户之间自发地进行内容交流。这些用户的角色并不因媒介的不同而不同；相反，他们在就自发选择的主题进行交流，作为基本平等和自我负责的参与者彼此相遇。这些媒体用户之间的分散联系，与节目发送者和接收者之间的不对称关系相比，从根本上说是互惠互利的，但由于没有专业的过滤，其在内容上也没有受到监管。参与者之间关系的平等性和无管制性，以及用户对自己的自发形成的平等授权，构成了原本应该成为新媒体特征的交流模式。今天，这个伟大的解放承诺，至少部分地被分散隔离的信息茧房里荒凉的喧嚣所淹没。

新的传播模式对公共领域的结构变化产生了两个显著的影响。首先，资产阶级公共领域对所有公民的平等包容的平等主义-普遍主义主张，似乎最终以新媒体的形式得到了实现。这些媒体将为所有公民提供他们自己的可被公开听到的声音，甚至赋予这种声音以动员能力。他们将把用户从接收者的角色中解放出来，不局限于在有限的节目中进行选择，而让每个人都有机会在自发意见的随意交流中发出自己的声音。但是，这种兼具反权威和平等主义潜力的热情，在早年的加利福尼亚州建国精神中仍然可以感受到，却很快就在硅谷凝固为主导世界的数字公司的自由主义面孔。新媒体所提供的世界范围内的组织潜力也服务于激进右翼网络，并服务于勇敢的白俄罗斯女性的抗议游行。新媒体的一个效果是媒体用户的自我赋权；另一个效果是，他们只要还没有充分学会如何使用新媒体，就会为摆脱传统媒体的编辑监护而付出代价。就像印刷厂把每个人都变成了潜在的读者一样，数字化现在也把每个人都变成了潜在的作者。但是，若要每个人都学会阅读，这究竟需要多长时间？

这些平台并不能取代那些得到解放的用户根据公认的标准对内容进行专业选择和辨析。这就是为什么今天有人谈论大众媒体的守门人模式受到侵蚀。[23] 这种模式绝不意味着剥夺媒体用户的权利；它只是描述了一种传播形式，可以使公民获得必要的知识和信息，使每个人都能对需要政治调节的问题形成自己的判断。若能在政治上正确认识作者的角色，知道作者与消费者不同，这往往会帮助人们认识到自己知识上的缺陷。作者的角色也需要学习，只要在社交媒体的政治交流中还没有认识到这一点，屏蔽不和谐意见和批评，就会影响到无拘无束的商谈质量。这就是政治舆论和意志形成首先面临碎片化危险的原因，而公共领域也不会受到限制。围绕某些话题或人物自发形成的无边界的交流网络可以离心式传播，同时又凝结成教条式地将自己与他人隔离的相对封闭的交流圈子。然后，去边界化和碎片化的趋势相互加强，成为一种动力，抵消了报刊、广播和电视建立的以民族国家为中心的公共传播的整合力量。在我更详细地讨论这一形势之前，我想介绍一下社交媒体在整个媒体服务中的份额是如何发展起来的。

五

　　从经验上看，互联网尤其是社交媒体的引入，对政治公共舆论和意志形成所产生的影响并不容易界定。然而，德国公共广播联盟（ARD）和德国电视二台（ZDF）对德国在1964—2020年期间媒体使用情况的长期研究结果，可以大致说明媒体服务和使用的变化。[24]首先是由于引入了私人电视，然后是通过各种在线选择，媒体提供的服务已经大大扩展。这不仅适用于国内层面，互联网还使大量"外国"新闻、广播和电视节目得以进入。世界各地的有关各方，都能通过美国有线电视新闻网（CNN）观看冲击国会大厦的实况。相应地，在日常媒体消费上的时间预算投入实际上已经呈爆炸式增长。自2000年以来，所有媒体的使用时间急剧上升，但在2005年达到顶峰；自那时起，它已稳定在每天8小时的饱和水平，这让我们惊诧不已。同时，几十年来，各种媒体的份额也发生了变化。自1970年以来，当时的新媒体——电视的使用已经超过了日报和广播等传统媒体的使用。但是，即使从2000年起出现了明显的在线竞争，电视和广播仍然保持着最大的影响力。1980—2015年期间，图书消费也相当稳定，但有波动。在我们当前背景下应该强调的是，相比之下，自电视问世以来，日报的相应覆盖率持续下降，从 1964 年的 69% 下降到 2015 年的 33%。引入新媒体以来，其低迷反映在印刷报纸和杂志的覆盖率从 2005 年的 60% 急剧下降到 2020 年的 22%。这一趋势将以更快的速度继续下去，因为在 14—29 岁年龄组中，2005 年有 40% 的人仍然阅读印刷报纸或杂志，而 2020 年只有 6%。同时，阅读的强度也有所下降：1980 年，读者总体上仍然平均每天花 38 分钟阅读日报（杂志为 11 分钟），而到了 2015 年，阅读日报的时间减少到 23 分钟（杂志为 11 分钟），2020 年则减少到 15 分钟（报纸和杂志合计）。当然，报纸的消费也已经转移到了互联网上，但是除了阅读印刷品和数字文本可能不需要同等程度的密集注意力和分析处理之外，日报的提供也不能完全由其他在线信息提供（例如播客或新闻门户网站）来弥补。总人口中数字阅读文本的每日使用时间就是一个指标——总共 18 分钟，其中 6 分钟用于报纸和杂志。

欧洲晴雨表（Eurobarometer）最近一次调查统计是在 2019 年底进行的，代表了欧盟 28 个国家的人口，证实了目前各种媒体的服务和使用规模：81% 的受访者每天使用电视，67% 的受访者普遍使用互联网，47% 使用社交媒体，46% 使用广播，26% 使用报纸——在 2010 年，日报的读者比例仍为 38%。欧洲晴雨表将社交媒体的日常使用与一般互联网的使用分开调查，这一比例从 2010 年占所有受访者的 18% 快速上升到目前的 48%，令人吃惊。有趣的是，电视和较低层次的广播在"关于国家事务的政治信息"的需求中也保持着主导作用。在被调查者中，77% 的人认为电视、40% 的人认为广播和 36% 的人认为印刷媒体是他们的"主要信息来源"，而 49% 的人说是一般的互联网，20% 的人说是社会媒体。在我们的背景下，最后一个数值很有意思，与前一年的调查相比，已经又上升了 4 个点，这一事实证实了其他地方也有记录的增长趋势。无论如何，日报和杂志消费的急剧下降都表明，自从引入互联网后，对政治新闻的平均关注度和对政治相关问题的分析处理都有所下降。然而，电视和广播在一般媒体消费中也占有相对稳定的份额，表明这两种媒体目前至少向欧盟成员国 3/4 的选民提供了可靠和足够多样化的政治信息。

另一个趋势就更引人注目了。显然，假新闻对政治公众的日益渗透，特别是向"后真相民主"的惊人发展，在特朗普执政期间，在美国已成为一种可怕的常态，也增加了欧洲对媒体的不信任。在欧洲晴雨表的民调中，41% 的人不相信国家媒体的报道不受政治和经济压力的影响；39% 的人明确肯定了对公共媒体的不信任，这些媒体今天构成了自由公共领域的支柱；多达 79% 的人声称，他们已经遇到了被歪曲的新闻或假新闻。

这些数据提供了关于媒体和使用的数量变化的信息，但对于在此基础上形成的公共舆论的质量，以及公民参与舆论和意志形成的程度，它们只提供了间接的线索。因此，我必须将自己限制在对已知信息的猜测上。一方面，与占主导地位的视听媒体相比，印刷媒体的重要性急剧下降，这似乎表明公民对其需求水平在下降，也就是说，公民对政治相关新闻和问题的知识处理能力也趋于下降；顺便说一下，在政治事件报道方面处于领先地位的日报和周报适应于娱乐性的周日报纸的"多彩的"排版格式，也证实了这一点。另一方面，日常证据告诉参与观察者，剩下的比较成熟的全国性报纸和杂志仍然是主要的政治媒体，而其他媒体，尤其是电视，一如既往地在各自的节目中提供有关权威内容和议题的反思和立场。然而，尽管根据公法组织的媒体继续提供一系列可靠的新闻和政治节目，但普通民众对这些节目的真实性、严肃性和完整性越来越不信任。人们对公共媒体的质量越来越怀疑，这可能与越来越普遍的信念有关，即政治阶层要么不可靠，要么腐败，或至少是可疑的。这一总体情况表明，媒体在供应方面的多样性，需求方相应的舆论、论点和生活观点的多元化，一方面满足了长期形成批判性和无偏见舆论的重要先决条件，但另一方面，正是由于不同声音的日益不和谐，以及争议话题和意见内容的复杂性，越来越多的少数群体媒体消费者利用数字平台退回到志同道合者的信息茧房中。因为数字平台不仅鼓励我们自发创造出不同主体间相互承认的世界，它们似乎还让某些顽固的交流孤岛在各种竞争性的公共领域中有着认知地位。但是，在我们评估媒体提供的服务导致接收者改变态度这一主观方面之前，我们必须看看使编辑性公共领域（redaktionellen Öffentlichkeit）日益歪曲的主观认识的经济动力。因为社交媒体所促进的这些接收模式的独特性不应该掩盖媒体结构转型的经济基础，而这种在前文已粗略描述的媒体结构转型，目前在政治上基本不受监管。

六

将平台描述为"在任意范围内联网传播内容的媒体服务"，即便不是脱离现实，也是不够全面的，因为以脸书（Facebook）、优兔（YouTube）、照片墙（Instagram）或推特（Twitter）等形式存在的算法驱动的平台，其表现从来不是中立的。这些真正存在的新媒体服从于资本获利指令的公司，并且以其股票市场价值来衡量，它们也是全世界"最有价值"的公司。它们的利润来源于数据的利用,它们为广告目的或以其他方式作为商品出售这些数据。这些数据包括作为它们面向用户的服务的副产品所积累的信息,这是它们的客户在网络上留下的个人数据(现在已正式得到同意)。报纸通常也是私营公司,在很大程度上通过广告收入为自己融资。但是,虽然传统媒体本身就是广告载体,但那种引发对"监控资本主义"[25]的批判的价值创造,是以商业上可利用的信息为基础的,这些信息随意地"粘贴"在其他服务上,反过来又使个性化的广告策略成为可能[26]。这样一来,在算法的控制下,社交媒体也促进了生活世界背景中各类关系的商品化的进一步发展。

然而,我对另一个方面感兴趣,即新媒体就使用逻辑而言对传统媒体施加的适应性方面的压力。后者只有在其"节目"即其内容成功的情况下,才适合作为广告媒体。然而,就其本身而言,它本质上服从于一个完全不同的逻辑,即对文本和节目的要求,其形式和内容必须满足认知、规范或审美标准。从生活世界分析的哲学角度来看,当我们意识到媒体的导向性功能在日益混乱的"媒体社会"中的重要性时,读者根据这种广泛的认识论标准来判断新闻功效的事实就会一目了然。鉴于社会的复杂性,媒体是一个中介,它在社会状况和文化生活形式的多样性视角中,在对世界的竞争性解释之间，磨炼出一个主体间共同的核心，并确保它被普遍地、理性地接受。当然，日报或周报有着经典的三分法，将内容分为政治版、经济版和文艺专栏，但在涉及个别声明的真实性或准确性，或对事实背景的权威性解释及一般评估的合理性，甚至判断标准或程序的合理性时，永远不是最终的裁决者。然而，随着它们每天更新的信息和解释的不断涌现，媒体不断证实、纠正和补充被认为是客观的世界的模糊的日常形象，几乎所有当代人都认为其他人也一样以为这是"正常的"或有效的。

奥特弗里德·雅伦（Otfried Jarren）和雷娜特·费舍（Renate Fischer）解释了为什么对"公共领域的平台化"的推动会使传统媒体陷入困境，无论经济上的困顿，还是新闻影响力的下降，以及专业标准遭到削弱。[27] 由于发行量和广告收入存在关联，对印刷报纸和杂志的需求下降会危及新闻界的经济基础；面对数字化的商业销售，新闻界还没有找到一个真正成功的商业模式，因为它在互联网上与那些免费向用户提供相应信息的供应商竞争。其结果是不得不裁员，不稳定的工作条件影响了编辑工作的质量和范围。然而，不仅仅是广告和受众市场的损失削弱了新闻的相关性和解释力。要适应互联网上的竞争，记者就需要改变自己的工作方式。即使"受众转向"，即受众更多参与和对读者反应更敏感不一定是不利因素，但非职业化趋势以及将新闻工作理解为一种中立的、非政治化的服务的趋势正在加强。当数据和注意力管理取代了有针对性的研究和精确的解释时，"编辑部，以前是政治辩论的地方，更多地转变为采购、控制生产和分发内容的协调中心"[28]。专业标准的变化反映了新闻界对平台商业服务的适应能力，而新闻本质上是公众的公共舆论和意志形成的商谈性质十分相近，不同平台也竞相争夺消费者的注意力。随着注意力经济的拓展，街头小报和大众传媒中早已熟悉的政治公共领域中的娱乐化、情感化和个性化倾向，在新媒体中也日益泛滥。

随着政治节目数量与公民作为消费者所要求的娱乐和消费节目数量达到平衡，我们触及了自20世纪30年代以来在媒体研究中观察到的去政治化趋势，但现在，由于社交媒体的出现，这种趋势似乎正在变得更加明显。只有当我们把注意力从扩大的媒体结构及其变化的经济基础的客观方面，转向接收者及其变化的接收模式时，我们才会触及社交媒体是否正在改变其用户对政治公共领域的看法这一核心问题。当然，商业平台的技术优势，甚至像推特这样让用户制作简洁信息的媒介平台，为用户提供政治、专业和私人用途有着毋庸置疑的优势。这些进步并不是我们关心的问题。问题是,这些平台是否也鼓励一种关于隐含或明确的政治观点的交流,这也可能通过改变使用模式,从而影响人们对政治公共领域的感知。关于使用新媒体的主观方面,菲利普·斯塔布(Philipp Staab)和托尔斯滕·蒂尔(Thorsten Thiel)提到了安德雷亚斯·莱克维茨(Andreas Reckwitz)的"独异性社会"(Gesellschaft der Singularitäten)理论,特别是激活平台(aktivierenden Plattformen)为其用户提供的自恋式自我介绍和"独异性展示"的激励。[29]如果人们将"个性化"与"独异化"明确区分开来,即一个人通过生活历史获得的独特性与公众能见度,以及这个人通过在网络上的自发出现而获得的区别,"独异化特征"可能是对那些为自己的节目和声誉争取追随者认可的影响者的正确说法。尽管如此,关于社交媒体对政治公共领域的舆论和意志形成的贡献,在我看来,接收的另一方面似乎更重要。正如人们经常看到的,在那些自发的、自我指涉的、碎片化的、从编辑性的或官方的公共领域中分离出来并且相互分离的公共领域中,有一种对解释和意见的自我参照的相互承认的张力。然而,如果参与这些环境的人对迄今为止所谓公共领域和政治公共领域的经验和感知发生变化,如果迄今为止习惯性的私人和公共领域的概念区分受到影响,这必然会对互联网消费者作为公民的自我理解产生深远影响。目前，还缺乏数据来检验这一假设，但促成这一假设的迹象足以令人不安。

在我们所考察的时期内，公共领域与经济、民间和家庭交往的私人领域的法律和政治区分，其社会基础在结构上没有改变，因为资本主义经济形式本身就是基于这种区分。在民主宪政国家，这种结构也反映在公民意识中。这正是他们感知的关键所在。希望公民在自我利益和共同利益的张力关系中做出政治决策。如前所述，他们在政治公共领域的传播空间中体会到了这种张力关系，该领域基本上包括所有公民作为受众。公共传播流通过编辑部的过滤，这一事实本身就让其区别于一般的私人或商业联系。对于写给匿名读者的印刷品来说，其适用标准与私人的而且在很长一段时间内仍然是手写的通信的标准不同。[30] 构成公共领域的不是主动和被动参与商谈的区别，而是值得共同关注的话题，以及各自经过专业审查的形式和文稿的合理性，使人们能够理解共同和不同的利益。区分私人空间和公共空间，这个空间界限不能过分夸大，关键在于对政治公共领域中讨论的私人和公共事务之间的（甚至是政治上有争议的）门槛的感知。社会运动中也有这种感知，它们创造了反公共领域（Gegenöffentlichkeiten），以对抗媒体的过于狭窄的公共领域。除了在内容上以政治活跃的中心为参照之外，吸引受众注意力的是所选编文稿的形式和相关性；这种对公共文稿的可靠性、质量和普遍价值的期望，也构成了对公共领域包容性特征的认识，它应该把所有公民的注意力集中在相同的问题上，以刺激他们每个人根据相同的公认标准对与政治决策有关的问题做出自己的判断。[31]

诚然，自媒体社会出现以来，这种将公共领域与私人生活领域区分开来的社会基础并没有发生重大变化。然而，在部分人群或多或少地使用社交媒体的过程中，对公共领域的感知可能已经发生了变化，公共和私人之间的区分以及由此产生的公共领域的包容性意义正在消退。在关于传播研究的文献中，人们越来越多地观察到一种倾向，即脱离对政治公共领域和政治本身的传统感知。[32] 在某些亚文化中，公共领域不再被认为具有包容性，政治公共领域也不再被认为是一个涵盖所有公民普遍利益的交流空间。因此，我试图解释并以此来证明一个假设的合理性。[33] 如前所述，网络开辟了虚拟空间，用户可以以一种新的方式直接赋予自己作为作者的权力。社交媒体创造了可自由进入的公共空间，邀请所有用户自发地、不受任何一方制约地进行干预，而这也早已吸引了政治家对选民施加个性化的影响。这种公民投票的"公共领域"的基础设施，已经升级为"喜欢"和"不喜欢"的点击率,具有技术性和经济性。但原则上,所有用户在一定程度上摆脱了编辑性公共领域的条件,并在他们看来摆脱了"审查",他们可以在这些自由进入的媒体空间中向匿名公众讲话,并寻求他们的认可。这些空间似乎获得了一种特殊的、匿名的亲密感:根据以前的标准,它们既不能被理解为公共的,也不能被理解为私人的,而被理解为一个交流领域,以前这是为私人信件保留的领域,但现在扩张为一种新的和亲密的公共领域。

作为被授权为作者的用户,用他们的信息引发关注,因为非结构化的公共领域首先由读者的评论和追随者的"喜欢"创造出来。这导致自我中心的信息茧房的形成,这些泡沫与古典公共领域的形式一样,具有可渗透性和开放性,可以进一步与外界产生联系。但与此同时,它们与公共领域的基本包容性(与私人领域相比)不同,它们拒绝不和谐的声音,将和谐的声音纳入它们自己有限的、维护身份的但未经专业过滤的所谓"知识"视野。从一个被它们的判断相互确认所强化的角度来看,对于那些超出它们自己范围的普遍性的主张,它们从根本上都会被怀疑是虚伪的。从这样一个半公共领域的有限视角来看,民主宪政国家的政治公共领域不能再被视为一个包容性的空间,不能再对竞争性的真理主张和普遍利益的考虑进行可能的商谈协商；恰恰是这个看起来具有包容性的公共领域，随后降格为在平等基础上竞争的半公共领域之一。[34]这种症状一方面传播假新闻，另一方面打击"谎言媒体"，这反过来又在公众和主要媒体自身中造成不安。[35]但是，当"政治"的公共领域堕落为公众竞争的战场时，民主合法化的、国家强制的政治方案，如自由主义者发动的但以威权主义为动机的反新冠防疫示威活动，就会引起阴谋论的解释。我们可以在欧盟的成员国中看到这些趋势，但如果社会结构性冲突在相当长的时间内破坏和动摇了政治系统，它们甚至可以让政治系统发生变形。在美国，在政府和大部分执政党适应了一位在社交媒体上取得成功的总统的自我认知，并且每天他都通过推特寻求民粹主义追随者的认同之后，政治已经陷入了持续的公众两极分化的旋涡。[36]政治公共领域的解体——我们只能希望这是暂时的——表现为这样一个事实：对几乎一半的人来说，传播内容不再能以可批评的有效性要求进行交流。对于政治公共领域认知的大量荒腔走板来说，重要的不是越来越多的假新闻，而是从参与者的角度来看，人们甚至不再认为假新闻是假新闻。[37]

在传播学和社会科学中，现在通常会说到被扰乱的公共领域,它们已经与制度化的新闻公共领域空间脱钩。但对于学者来说,倘若认为这些症状的现象性描述应该与民主理论问题分开讨论,这种结论是错误的。[38]因为在已经分离的半公共领域中的交流绝不是去政治化的;即使在这种情况下,这种交流对参与者的世界观的形成力量也不是去政治化的。当公共领域的基础结构不能再将公民的注意力引向需要做出决策的相关问题,不能再保证形成相互竞争的公共舆论,也即经过过滤的舆论在质量上得不到保证时,整个民主制度就会受到损害。当然,如果我们回顾一下资本主义民主国家存在的复杂前提条件,它们本身就容易受到危机的影响,显然,政治公共领域功能的丧失可能有更深层次的原因。然而,我们并不会因此就不去探索其明显的原因。

我认为其中一个原因是硅谷的出现,即数字网络的商业利用,另一个是新自由主义经济计划的全球蔓延,这二者碰巧合而为一。当时,由于"网络"的技术发明,全球范围内的自由交往的流动区域成为可能,它为自己提供了一个理想市场的镜像。这个市场甚至不需要放松监管。在此期间,被通信流的算法控制并破坏了这个隐含的形象,大型互联网公司的市场力量的集中就来自于此。对个人客户数据的掠夺和数字处理,或多或少地与搜索引擎、新闻门户网站和其他服务免费提供的信息进行了不明显的交换，这解释了欧盟竞争专员为什么要对这个市场进行监管。但是，如果想纠正一个基本错误，即平台与传统媒体不同，不想为传播对真相敏感的即容易受骗的内容承担责任，那么竞争法就是一个错误的方法。例如，报纸、广播和电视有义务纠正错误的报道，这一事实引起了人们对这里所关注的情况的兴趣。由于其商品的特殊性，即不单纯是商品，平台不能逃避所有新闻关注的义务。

它们也有责任，而且必须对它们既不制作也不编辑的新闻负责，因为这些信息也有形成舆论和心态的力量。首先，它们不是受制于商品的质量标准，而是受制于判断的认知标准，没有这些标准，事实世界的客观性和我们主体间共享世界的同一性和共同性，对我们来说都无法存在。[39]如果在一个难以想象的假新闻的世界里长大，再也无法识别出假新闻，即无法与真实信息区分开来，那么没有一个孩子能不出现临床症状。因此，这不是一个方向性的政治决策，而是一个宪法的规定，必须保持一个媒体结构，使公共领域具有包容性，并使公共舆论和意志的形成具有协商性。

第二部分

协商民主

——访谈

问：今天，许多协商理论家强调，将协商标准作为"调节性理想"，让其发挥作用，就像聚合性民主模式（Modell aggregativer Demokratie）中的权力平等标准一样。这意味着，经常被引用的"理想的商谈情境"（ideale Sprechsituation）概念在实践中最终并非一个可实现的目标。你认为这是一个可取的发展吗？

答：你的问题让我有机会来澄清人们对"理想的商谈情境"这个用语的长期误解。我自 1972 年一篇关于"真理理论"的文章以来，就再没有使用过这种带有误导的表达方式，并且我早已对其进行了修正。此外，我们必须考虑到使用这个术语的背景。当时，我用这个词来形容一系列语用学的预设，事实上，当我们进入关于语句有效性的争论时，我们必须始终把这些预设作为事实上的出发点。作为商谈（Diskurs）的参与者，我们"知道"，如果在这样的理性交流中涉及胁迫或操纵，如果受影响的人被排除在外，或他们相关的意见和声明遭到压制，我们就不是在"认真"地讨论问题。我们必须预设，在既定情况下，只有良好论证的非强制性胁迫才会有效。我们这种关于如何参与理性商谈的知识，对论证参与者的实际行为有调节作用，即使他们知道自己只能大致满足这些语用学的前提条件。关于这种反事实的状态,我们也许可以说,商谈的语用学预设的理想化内容,对参与者起到了调节思想的作用。从观察者的角度来看,人们会发现,理性商谈很少以纯粹形式出现。然而,这并不会改变这样一个事实,即从参与者的角度来看,我们必须假定这种前提条件构成了对真理的共同探索。除此之外,这可以从以下事实看出:我们批评的只是触及表象的商谈,或正是根据这些标准以可疑的方式达成的共识。

当一个哲学家研究理性商谈的概念时,他采取了参与者的认识论态度,并试图重构其操作性的"如何进行理性商谈"的认识,即把它转换成"关于什么"的明确认识。另一方面,如果一个社会科学家面对商谈,例如在民主理论的背景下,他不关心商谈本身,他从观察者的角度来接触这些现象,描述空间和时间中的商谈,也就是商谈的各种经验表现,他更喜欢使用定义不太明确的"协商"概念。但实证研究者也有充分的理由不轻易忽视参与者的操作性知识。[1]

许多做法只有在参与者做出某些理想化的假设时才会奏效。例如,在一个民主宪政国家中,只要公民能够假定他们可以期待或多或少的公平判决,他们就只会通过法庭来解决他们的争端(完全不考虑"现实主义者"或批判法律研究的倡导者提出的思考，即认为法官会受利益驱动）。同样，公民只有在隐含地认为他们的声音可以被听到并且"算数"的情况下才会参与政治选举，它甚至应该具有与其他任何投票相同的分量。这些也都是理想化的预设。然而，与非正式商谈不同，这些嵌入国家机构的商谈实践会失去其可信度。感到"被落下"的选民不再去投票。

例如，当在贫困的非选民和忽略他们的利益之间形成恶性循环时，或者当公共传播的基础设施瓦解，从而使沉闷的怨恨而不是明智的公共舆论主导了这个领域时，民主选举就不再奏效。简言之，我不认为协商政治是一个崇高的理想，我们必须用它来衡量丑陋的世俗现实，这是所有真正的民主存在的前提条件。

公民的公共领域与自由民主一起发展，这不是历史的巧合。即使在群众民主已经发生变化的条件下，议会立法、政党竞争和自由政治选举也必须在积极的政治公共领域、活跃的公民社会和自由政治文化中扎根。因为如果没有这种社会背景，对于民主统治的合法性来说，必不可少的协商的前提条件就无法找到任何现实基础。

问：但许多协商理论家反对说，共识不一定是成功协商过程的目标；相反，协商只能更明晰地看到各方的偏好。

难道说假设的理解方向不会对协商产生太大的影响吗？

答：让我一开始就把话说明白：假设政治商谈旨在达成共识的目标，这绝不意味着我们应该把民主进程想象成一种田园诗般的、理想化的和平研讨活动。相反，我们可以认为，合理的参与者对信念的真实性或正确性的定位，只会让政治辩论火上浇油，并让政治讨论陷入争斗。论证就是反驳。在商谈的意见冲突中出现的认知潜力，只有通过相互说"不"的权利——实际上是鼓励说"不"——才能展开，因为商谈是为参与者的自我纠正而设计的，若没有相互批评，他们就无法从对方那里学到东西。这就是协商政治的关键：在政治辩论中，我们可以改善我们的信念，更接近问题的正确解决方案。当然，这样做的前提是，政治进程根本上有一个认知的层面……

问：你认为弄清楚偏好是协商的有效目标吗？协商是否也能产生没有达到理想的共识的结果，如妥协或双赢的局面？

答：当然，弄清楚偏好是所有政治商谈的第一步；另外，商谈确立了这样的期望：参与者将在协商过程中检验各自最初的偏好，也会根据更好的理由改变其偏好。在这个条件的基础上，经过协商的舆论和意志之形成与妥协区分开来。商谈有一个认识论的维度，因为它们让论证的改变偏好的力量有了发挥作用的空间，而在掌握权力的伙伴之间以相互让步或共享利益为代价谈判达成的妥协，使现有的偏好不受影响。这两种程序——商谈和谈判——都是政治协商的合法形式。人们必须注意问题的性质，以便发现应该通过商谈的认识论途径还是通过谈判途径来达成一致。

然而，关键在于我们相信什么样的理由有能力以理性的方式改变偏好。答案取决于哲学的前提，即使从事实证研究的政治科学家在处理协商政治时，也必须清楚这些前提。经验主义者对实践理性持有一种非认知主义的观点，这应该仅限于理性选择和战略决策的能力。这意味着，只有关于行动范围和风险的更详细的信息，以及对可能的替代行动方案后果的相对更可靠的计算，才能对人们自己的偏好产生影响，而无须顾及其他参与者的偏好。这种限制性的观点是反直觉的，因为在理性地形成偏好的过程中，在我们争论具有约束力的行动规范的正确性或价值的可取性的理由时，它们的认识论分量与关于事实的信息一样，都会发挥作用。

政治商谈不仅涉及描述性命题的真实性，还涉及我们与规范性和评价性命题相关的有效性。一个法律规范的正义性，可以从它是否对所有受影响的人在需要规范的问题上"同样好"的角度来考察——普遍化原则在这里奏效了。一个政治共同体的成员可以参照他们共同的生活方式下的伦理，从更优角度来考察相互竞争的价值观之间的选择。相比之下，偏好本身不需要理由，因为这种第一人称的命题是自己欲望的特权。正义问题是一项认知任务，而关于某些价值优先于其他价值的决定，则可被视为需要一个理性动机的意志形成过程，这一过程部分地是认知过程，部分地是意志形成过程。在这种情况下，参与者的共识取向来自各自问题的意义——规范和价值观——与偏好不同，它从来不止影响一个人。

另外，商谈的认识论理解预设了这种共识取向，当然并不意味着参与者应该对政治问题实际达成共识抱有不切实际的预期。因为实际商谈要求其参与者不太可能愿意采纳对方的观点，并以共同利益或共同价值为取向。因此，民主程序将限时协商与多数决策结合起来。多数人的规则（如有必要）本身可以通过舆论形成的商谈性来验证。只要理性上可接受的结果的推定是合理的，而且决策仍然是可逆的，无论如何，被否定的少数人都可以向多数人提出恢复讨论的要求，而不必放弃自己的立场。

问：交往行为理论假定，战略意图会破坏达成理解的协商方向。换句话说，真正的协商者必须有一个达成理解的方向。然而，在政治中，行动者的战略取向是核心，这就提出了一个问题：在政治决策情况下，协商模式到底有什么意义？

答：当然，大部分的政治决策都是妥协的结果，但现代民主国家将人民主权与法治相结合。这意味着，妥协的形成是在宪政规范的框架内进行的。这样一个宪政框架的后果是，寻求妥协总是与政治正义和实现优先价值取向的问题交织在一起。而且，由于这些问题给政治协商带来了认识问题，我们不能一开始就局限在自利的谈判伙伴之间达成财富分配的妥协上。有一些有趣的混合形式，马克·沃伦（Mark E. Warren）和简·曼斯布里奇（Jane Mansbridge）已经分析过这种形式。他们特别探讨了碳排放交易的气候政策立法的例子。[2] 虽然在限制污染物的气候政策目标和有关公司的利益之间达成妥协，但这也涉及正义问题，因为它考虑到了已经决定的政策目标：为了公民和子孙后代的普遍利益，尽快阻止全球气候变化。

问： 在政治理论中，战略行动和交往行动之间的对立为激进理论打开了大门，例如尚塔尔·墨菲（Chantal Mouffe）提出的理论。这些理论声称比协商理论更具"政治性"。

答： 从某种政治概念开始的理论是有缺陷的，无论它们是为激进政治斗争的概念辩护，还是为政府控制的权力的系统性概念辩护，或是为互动产生的权力的交流性概念辩护。在国家的社会形成过程中，政治权力起源于国家认可的法律。这样一来，社会就获得了反思的能力，可以通过具有集体约束力的决策，有意识地影响自己的生存条件。最初，被统治者对统治合法性的信仰根植于神圣的情结，是现有政治秩序稳定的条件，但同时也是批判现有统治的根源。在现代国家权力的世俗化之后，民主产生的宪法最终取代了宗教作为合法性基础的作用。此后在民众中广为流传的关于宪法原则的背景共识与基于宗教的合法性不同，因为它是以民主的方式产生的，即也是通过协商之后的交流产生的。当然，它必须在每一代人那里更新，否则民主政体就不会持久。

然而，这种背景共识的非对抗性的核心，完全不意味着宪法将民主进程组织成一个自始至终以共识为导向的事件。我们必须从政治交往在不同领域发挥的不同功能出发，以其对民主进程的贡献为出发点，而民主进程整体上是通过协商过滤的。然后，人们认识到在每种情况下功能上必要的合理性要求之间的有趣差异。在不同的交往层面上，这些都变得越来越少——从法院和议会机构内相对较多的法律制度化商谈的合理性开始，到公共领域政治人物的辩论、竞选，以及针对某一目标进行公民社会投票的广泛受众，以及一般来说，以媒体为媒介的政治性公共传播。例如，我们只有当看到政治性公共传播在功能上对舆论和意志的整体协商性的形成的影响，在决定相关问题上产生竞争性的公共舆论时，才能对选举活动、政党斗争或社会运动的各种抗议形式进行适当分类。

在功能上，只有在那些做出具有法律约束力的决策的机构的协商中，参与者才必须达成共识。普通公众的非正式交往也能经受住强烈的表现形式或野蛮的冲突形式，因为它的作用仅限于激发相关问题、信息和论证，而决策则是在其他地方做出的。公民对真相的追求与其表达的政治观点有关，这种追求或许会加剧公共领域中对立冲突的动态变化。但这更多是对于产生竞争性的公共舆论而起到的功能性作用。

问：在这种情况下，你如何评价一个越来越普遍的论点，即好的和理想的协商，不仅应该包括理性的原因（或理由），还应该包括叙述、情感和修辞？

答：要做到这一点，你必须看到更全面的图景。从公共传播中产生与政治相关的公共舆论，而公共传播主要是由政府、政党和利益集团提供的信息，然后由媒体进行处理。通常，公民社会行动者在面对政党和社会职能系统的专家和公关机构时，并不轻松。另外，在一定程度上，"消费者"如果感知到各种社会问题和负担，公民社会是唯一的社会传声筒，这些社会问题和负担是由个别子系统的功能失调造成的。因此，公民社会传播网络对政治的作用是一种预警系统，它从私人生活领域收集关键经验，将其处理成抗议的声音，并将其传递给政治公共领域。由于抗议活动凝聚成为社会运动并不常见，所以，与其他政界人士精心设计的声明相比，来自公民社会的未经编辑的声音越是直接、自发地发出，就越容易被听到。叙事，就像它们所表达的情感和欲望一样，有一个可以理解的命题内容；在一个问题获得足够多的媒体关注并进入一些有影响力的机构的议程的漫长道路上，强有力的修辞仍然是比较常用的手段之一。吸引眼球的行动甚至打破规则的行动都是为了传递信息,将这些信息"传达到"政治系统。

问:一些协商理论家也强调,自我利益应该是协商的一部分,同时也要考虑到共同利益,尽管要注意的是,只有受到公平原则制约的自我利益才是正当的。你如何看待这个问题?自我利益是理想协商的一个重要方面吗?

答:我认为理所当然如此。即使是道德商谈,也必须首先从参与冲突的各方的各自利益出发,然后才能从正义的角度考虑什么是所有利益攸关方的平等利益。当然,任何民主政体都不可能在其公民以国家公民和共同立法者的身份完全遵循自身利益的情况下正常运转。约翰·罗尔斯曾十分正确地将"理性的公共使用"与对政治美德的需求联系起来。另一方面,还必须指出,与卢梭相反,民主国家只能用小恩小惠来提升其公民的共同利益取向。

问:协商民主在多大程度上融入了自由主义现代政治文化?换句话说,协商能否在全球范围内发挥作用?如果可以,你是否同意协商标准也有一定的文化适应性?

答:无论如何,人们都必须警惕这样的观念,即我们可以无条件输出民主，无论是和平地还是通过军事力量去输出。自由民主是一种要求严格且十分脆弱的治理形式，因为它只能通过其公民的思想来实现。然而，这并不意味着"西方"（如果可以这么说的话）应该将它在国际舞台上为民主宪政国家的原则提出的普遍性主张加以相对化。这个讨论是关于合理的原则，而不是有争议的价值观。它们恰恰是喋喋不休地说着"我们的价值观"，打着捍卫其他文化的价值观的幌子，使国际社会两极分化。作为一名哲学家，我认为"我们"有充分的理由在跨文化商谈中，捍卫作为民主宪政国家道德基础的人权的普遍有效性。但是，这只有在"我们"愿意学习和愿意作为其中一方参与这样的商谈的条件下。学习的意愿是必要的，因为西方帝国主义残酷暴力的历史告诉我们，我们必须让其他文化启发我们，不仅在过去，而且在现在，我们对人权的解释和应用存在盲点。但是，即使现在载入《联合国宪章》的原则被假设为普遍适用的，也不意味着我们可以为扩展自由民主国家而发动战争。由于你在问题中已经暗示了原因，很明显，家长式强加的民主秩序无法长期稳定。

另一方面，我也认为所谓"适应"外国文化价值观和环境的原则的次优解决方案是错误的。例如，约翰·罗尔斯在《万民法》中建议的对政治正义原则友善的"政治"

方法，也要求对其他文明采取值得怀疑的家长式态度。

问：在某些社会和政治情况下，例如在深刻的宗教或种族分歧的背景下，或者在参与者不信任对方的情况下，诸如论证式的理性或尊重等协商理想很难实施。协商理论在这种情况下能发挥什么作用？

答：也许首先要记住的是这样一个长期趋势：在我们社会的多元化过程中，社会融合的重任正在从地方生活方式和民族文化的层面转移到国家和政治上。其中，因技术发展而加速的生活环境迁移，尤其是来自外国文化的移民越来越多，是造成这种情况的重要原因。除了共同的语言之外，一个政治共同体的所有公民应该分享的东西，越来越多地涉及公民身份。因此，政治文化不能再与本土的多数人的文化相吻合。即使在美国这样的移民社会中，人们认为这种分化过程也是极为痛苦的：它在各地激起民粹主义的反应，在社会弱势群体中尤为如此。

社会宗教的分歧可能是一个特别大的负担，例如，欧洲社会今天正在由于来自伊斯兰国家的移民涌入而承受这个负担。一方面，保障宗教自由的自由国家可以通过赋予少数群体宗教和文化权利来包容他们；另一方面，它不能做出任何太大的妥协，它必须要求少数群体只在适用于所有人的基本权利的框架内实践他们的文化生活方式和宗教信仰。鉴于顶多只能使用国家的法律和官僚手段来化解这些冲突，且只能通过长期的文化适应和社会化来解决，那么，请问协商政治有什么用？当然，了解公众之间因整合而产生的冲突，最重要的是消除民粹主义方面所激起的恐惧和不安，这些协商都有所帮助。正如你自己所建议的那样，对这个问题采取协商方式的政治事实几乎比论证本身更重要；首先是这种方式的风格打开了人们的眼界，然后让孤立的群体彼此互相尊重——这种风格就是论证。

一般来说，协商的交往形式与论证参与者之间的相互尊重有密切联系。约翰·罗尔斯将相互尊重理解为一种政治美德，而理性的公共使用要求相互尊重。这种尊重指的是他人的人格，他将被承认为平等的公民；在使用公共理性的背景下，尊重延伸到愿意向他人证明自己的政治观点，即与他进行商谈。当然，这只是进一步期望的必要条件，即在商谈过程中，人们也应该站在各自的角度上，并将自己置于他们的处境中。这种社会认知表现与关于事实主张的讨论无关；因为在这些讨论中，它只是就论证本身进行评价。但在实际商谈中，利益是有争议的，其相对权重只能从各自对方的生活世界的角度来评估。为了从正义的角度看待冲突，这种相互接受的视角是必要的，它具有纯粹的认知功能，但是否愿意跨越巨大的文化鸿沟，参与这种艰苦卓绝的行动，才是实际问题的瓶颈所在。这种动机的阈值解释了你提到的冲突的顽固性。但是，一般来说，经验问题和理论问题比实际冲突更容易得到妥善解决。

挑衅地问一下： 你认为你已经告别了具有事实性和有效性的批判理论吗？在这本书中，你的重点是自由民主国家的运作，尽管这个国家也是一个自由主义的资本主义国家。

答： 在我的批判理论发展过程中，我仍然觉得要感谢霍克海默创立的传统，当然还有我的老师阿多诺。被流放出德国的老一代批判理论家的思维基本上是在法西斯主义背景下形成的。自第二次世界大战以来，通过福利国家驯服资本主义的尝试才在这个世界的一小片区域里暂时占了上风。这几十年，回过头来看是一个"镀金十年"（vergoldeten Jahrzehnte）——埃里克·霍布斯鲍姆（Eric Hobsbawm）半讽刺地谈到了"黄金时代"（Goldenen Zeitalter）——至少表明了法治和民主这两个要素的平等实施会取得什么样的成果，即在政治上利用一个高度发展生产力的经济体系来实现宪政民主的规范内容。在《在事实与规范之间》(*Faktizität und Geltung*)[1]中，我试图重构这一内容。自由权利不会从天而降。首先，平等参与民主意志形成过程的公民必须理解自己是权利的创作者，他们作为自由和平等公民联合体的成员，相互赋予这些权利。鉴于这种重建，人们认识到民主的侵蚀，自从政治或多或少地让位于市场以来，民主侵蚀一直在扩大发展。从这个角度看，民主理论和对资本主义的批判是一脉相承的。我并没有发明"后民主"(Postdemokratie)这个词，但对于全球实施的新自由主义政策的社会后果的政治影响来说，这是一个很不错的术语。

---

[1] 该书德文原名直译应为"事实性与有效性"，英文版书名为 *Between Facts and Norms*，中文版参见［德］哈贝马斯：《在事实与规范之间》，童世骏译，北京，生活·读书·新知三联书店，2003年。——译者注

第三部分

协商民主是什么意思?
——反对意见和误解

现代民主与古希腊罗马时期民主的本质区别在于，它代表了一个以书面的现代法律为手段构成的政治共同体，它赋予国家公民以平等的主观权利。此外，它是在领土国家中发展起来的，与小规模的希腊模式的民主区别首先在于它的代表性；因为在这里，公民只能间接地实现其政治意志，即通过大选来实现。在我们的背景下，重要的是，共同行使的意志行为的条件只能在一个包容性的公共领域得到满足。因为只有当绝大多数公民匿名参与，但有着共同的公共交往时，选举结果才有意义，这些决定在两个方面符合条件：每个人单独或独立做出决定，形成共同意志。公共交往在个人的政治自主性与全体公民的共同政治意志形成之间形成了必要联系。

这个架构很重要，因为在下面的内容中，我关注的是一个只有通过民主意志形成的方式才能解决的基本问题。只有作为公共舆论形成过程的参与者，公民个人才能在其个人的舆论形成和决定中平衡社会公民的各自利益和国家公民的共同利益之间存在的矛盾。这是民主宪政国家定义中所固有的内在张力关系，必须在公民个人的政治决定范围内得到解决，因为国家公民尽管有个人联合，但可能不会只认为自己是社会公民。民主宪政国家既保证每个公民既有的政治自主权，也保证私法主体的同等自由。

保障这种自由的法律规范，即康德的"自由的绝对律令"（Zwangsgesetze der Freiheit），只有在反映各自冲突利益的统一平衡之下，才能被所有人平等地接受。这种平衡又只能通过公共领域里的选民形成共同的政治舆论和意志的过程来进行。

鉴于目前的情况，我想:（1）首先对现代民主制度的这一方面进行评论，（2）然后再解释为什么它们依赖于政治的协商形式，以及为什么针对这一概念提出反对意见，即它无视权力，（3）所谓被误导的"真理趋向"与（4）专家学者和民粹派的替代性解释一样毫无根据。

一

宪政国家不是从天而降的，相反，它是由制宪会议建立的，而制宪会议必然具有团结精神，这种精神的某些元素也必须在这个国家中，并与这个国家一起延续下去。在理性法律的传统中，这一奠基行为被想象为从自然状态向社会状态的过渡。首先，哲学家们为此提出了相当不同的动机。尽管如此，在18世纪末实际发生的两次宪政革命无论如何都是历史事件，它们的存在归功于积极主动的公民的共同决定和公开协商。子孙后代绝不能挥霍掉原初的制宪行为的社会资本;他们必须至少以小恩小惠的形式,有时甚至(如在德意志联邦共和国,它的基本法并不归功于公民的民主决定)以反事实的方式,继续参与政治立法的民主进程来推进它。

即使宪政国家的自由主义目的是以主观权利的形式,保证社会中自由联合的社会公民享有平等的私人自由,但只有当这些公民作为国家的公民和民主的共同立法者,本着主体间政治自治的精神,利用同时被授予的交流和参与的权利时,这些自由才能保持不受家长式的不自由影响。宪政国家的私人自由只有在公民赋予自己权利的情况下才能符合自己的利益。以共同利益为导向的立法必须平衡社会中相互冲突的利益,并追求平衡资本主义社会中总是自然产生的社会不平等的目标,以至于所有公民都有同样的机会按照个人的自我形象过上自我决定的生活。所有社会公民都希望得到公平的机会,利用他们的主观权利来塑造自己的生活。只有这样,他们才会有动力,才会在根本上利用他们的民主权利,而不是完全以自利的方式。这样,一个自我稳定的循环就会发生,一方面,公民权利的自主使用在立法上产生了那些(如约翰·罗尔斯所要求的)对所有人都具有相同价值的主观权利,因此,这些权利的享有反过来又使所有公民拥有那种社会独立性,而这种独立性只能够使政治自主权得到积极的利用和鼓励。这样一来，私人自主和公共自主必须相互扶持，相互促进。

另一方面，这种自我稳定的循环有一个转捩点，这表明公民对其政治参与权的使用，与他们对私人自由的使用有着不同的要求。两者都以相同的主观权利形式得到保障，但是，虽然权利的法律形式是为以利益为主导的私人自由量身定制的，但它并不符合行使民主权利的政治义务。每个公民都应该利用他的投票权，乃至他的交流权和参与权，以知情和公平的方式解决政党无法解除的问题：在合法的私人利益和共同利益之间公平权衡政治选择。即使民主国家通常很少使用这种对共同利益的期望，但每个人在作为国家公民的角色时，都参与解决每个民主政体的宪政原则的问题：所有公民大体上也能在实际执行的法律和自由中承认自己的意愿，这些法律和自由来自多元化的民主意志形成。无论现有的民主国家——其中最古老的民主国家不太光彩地走在所有其他国家前面——离这一政治目标有多远，只要其广大公民可信地坚持这一目标，它们就配得上民主政体之名。

因为从长远来看，同样的主观权利也必须对每个公民具有"同样的价值"，如果没有在立法公民的政治团结中保证绝对律令的可能性，他们的权利保障就不可能有政治有效性。每当充分面向公共利益的立法和充分满足私人利益之间的自我稳定的循环陷入停滞时，这一点就变得格外突出。为了把容易发生危机的经济体系的波动控制在一定范围内，而这种经济体系会强化社会不平等的趋势，无论如何，这都需要国家的巧妙干预。然而，当政治社会在战争或灾难的情况下受到压力时，政治上的自我稳定会以一种特别激烈的方式陷入失败，因为倘若没有巨大的集体努力，它就不能再维持正常的灵活平衡。[1] 在这种情况下，或者像疫情时期那样，遭受来自不受控制的自然过程的挑战时，国家必须召集非同寻常的、更高度的公民团结力量，以对抗威胁到整个集体的外部突发危险。在疫情情况下，国家只能以暂时低于成熟民主国家的法律水平来实现这种非凡的集体努力。因为在这种特殊情况下，需要相对较高程度的团结，国家的要求——以所有人都能看到的方式优先支持国家医疗保健体系——打破了两者之间普遍的、自我稳定循环过程的平衡，即国民为公共福利做出贡献所形成政治意愿和完整行使主观自由权利的余地。[2]

一般来说，在这种情况下，巨大的团结成果不再能被视为一种团结。那么，公民被强加的负担仍然是，公民的国民贡献成为民主决策的集体努力，但它们失去了自愿的性质，因为国家必须要求这些团结的成果，尽管有法律授权，仅由于在功能上具有法律的约束力，但从法律来看，它们只应该是政治上的期望，而不应该是什么规定。如果一个由立法者合法化的意愿决定了哪些公民必须负担哪些责任，那么对于有强制力的团结的合法性几乎没有任何疑问，否则国家将不得不推行政策，接受感染率和死亡率的增长，而这种情况本身是可以避免的。但灾难以激烈的方式让人们认识到它的存在，认识到这是民主宪政中的结构性问题，即在自利的主观自由的感知和功能上必要的对公共利益的取向之间寻找平衡，这必须由公民自己来解决，而这个问题只能在政治公共领域中的公共舆论和意愿形成的过程中解决。

在这种特殊情况下，正常情况下的利害关系也变得十分明晰。与普遍存在的民主政治的歪曲形象相反，民主政治绝不是公民和组织与私人利益之间赤裸裸的利益均衡，也不是毫无节制的妥协。相反，它是一个平衡社会公民作为正式平等权利的受益者所享有的主观自由与国家公民作为共同立法者所应具有的团结的问题。因为民主宪政国家的意义在于，同样的自由主观权利对每个人来说事实上也有同样的价值。对于这种在自我利益和共同利益取向之间的共同平衡过程，在拥有广袤领土的民主国家中，只有由大众传媒主导的包容性公共传播来实现。投票室里只登记了个人意见,他们之间共同的东西,就是这些舆论形成的背景——在公共舆论中的低语和喧哗,这些声音凝结成竞争性的公共舆论。

自20世纪90年代初以来,协商民主的理论方法已获得学术界的认可,首先是在美国有着广泛的影响。[3]尽管如此,它还是面临一些刻板重复的反对意见,我想简单地谈谈这些反对意见。

二

协商政治的概念让人们联想到早期自由主义者对"协商会议"的历史关联,使人怀疑议会制的理想主义形象,掩盖了权力驱动的现实主义政治的核心事实。因此,第一种反对意见集中在这样一个问题上:既然"政治"主要意味着为获得和维护权力及其资源而进行的权力斗争,那么我们为什么要强调政治中的协商因素?这种反对意见隐含了社会学中常见的经验主义的权力概念。据此,一个统治者,由于他的制裁手段而有一种威胁的潜力,他可以用它来强制执行他的意志,令反对他的对手不情不愿地接受。但这种现实权力概念却无法解释现代民主制度的核心问题,即对多数决策的平等接受。在西方日益个人化的多元社会中，创造统一的世界观已经不再具有让统治合法化的力量，因此，民主宪政国家无须求助于这种元社会合法性来源，而必须从自身内部使统治职能合法化，即借助于民主（可能是有资格的）多数决策的法律制度化程序。

然而，上述社会学的权力概念并不能解释这一程序是如何运作的。如果在定期举行的选举中，仅仅根据多数人被授权在一定时期内将其政治意志强加给少数人的情况来决定，那么对接受多数人原则的解释充其量也就是一个站不住脚的解释：根据经验主义的解读，所计算的多数票代表了相应的大多数投票公民想象中的体量优势，而这应该可以解释为什么"占优势"的公民政治阵营"满足了它的意愿"，即一个政府，其宣布的目标是基于它的偏好而不是那些暂时被征服的少数人的偏好。由于任意性和行动自由的概念与经验主义的权力概念相对应，因此，多数人的统治表现为政府保证绝大多数人有权利的行动自由来追求自己的偏好。

即使求助于大多数公民在体量上的暴力，这种暴力具有威胁潜力，但这种威胁只是作为具体抵抗统治者命令情况下的一种掩护性资源，这种说法也难以解释基于人权的政治秩序的基础。一个由自由和平等的法律同伴组成的自治社会，是基于每个公民的自我授权，只服从那些他或她在与所有其他公民平等的基础上形成的政治舆论和意志所赋予的法律。这种严格的观念不能通过经验主义的权力和自由概念来弥补,即通过对所有参与者的"原初"偏好进行数字统计来使多数决策合法化。相反,民主选举必须被理解为解决问题过程的最后一步,即作为公民的公共舆论和意志形成过程的结果,他们只是在面对问题时通过公开辩论表达自己的偏好,而这需要对政治调节的问题进行公开的、或多或少是理性的辩论。

这种决策前的协商因素是解释民主程序,甚至在被打败的少数人看来,是解释多数决策合法化这一事实的一个重要部分。事实上,从参与者的角度来看,正是这两个特点的不可能结合解释了该程序的说服力:一方面,它要求所有可能受结果影响的人参与;另一方面,它使决策本身取决于之前协商的或多或少的商谈性质。包容的条件与所有可能受到影响的人参与的民主要求相对应,而对建议、信息和理由的协商交流的过滤则证明了对结果的理性上可接受的假设。这个假设本身可以对照前面的协商质量来检查。这样的论述有望在相关问题、必要信息和正反两方面的相关意见的基础上,调动竞争性的公共舆论。简言之,包容性参与和商谈性协商的配对解释了对理性上可接受的结果的期望。然而,由于每个决策都意味着商谈的终止,被打败的少数人也可以接受多数人的决策,希望他们的论证能够获得更长远的成功,而不必放弃自己的信念。

三

另一个反对意见针对政治辩论根本上是以"真理"为取向,从而以达成共识为目标的假设。难道它们不具有明显的论战性质,因此似乎不需要一种描述,以公正地反映它们内在的激进性吗?但恰恰是"真理取向",即参与者对其观点和评估"正确"的信念或感觉,激发了政治辩论,并使其具有争论性。然而,在这种情况下,区分是必要的,因为虽然在政治上有许多事情是有争论的,但在严格意义上,只有断言性陈述才是真的或假的。当然,我们与正义的道德或法律主张相关联的有效性要求,例如,在事实断言之外,也可以是真的或假的;在商谈中,可以像对真理的要求一样对待这些主张。而且,即使与二元区分的有效性无关的陈述,也可以根据或多或少的合理理由进行辩护或批评。即使那些从政治共同体或亚文化的角度出发,提及某些价值高于次阶的价值,或者一般而言,提及对某些生命形式认同的伦理政治主张,也可以在理性的帮助下合理化。与偏好的表达不同,道德甚至审美的表达也主张自己在理性空间中的有效性。偏好和欲望一样，只能主观地表达，或者作为主观的要求，根据有效的规范来证明。简言之，如果人们意识到实践问题的逻辑形式，并记住政治本质上触及这种在道德、法律和伦理政治方面超越自我利益的协商问题，那么人们也会看到，当公共政治辩论超越有争论的事实问题时，它们也会在商谈交往的理性空间中停滞不前。妥协的情况也是如此，即大多数有争论的政治问题，因为在法律框架内的妥协，本身也受制于公平性的问题。

如果考虑到参与者的意图，那么只能从政治的激进性特征来讨论协商政治概念的反对意见，他们将参与者希望通过自己的发言在争论中做出认识上的，即理性的和可批判的贡献，与在政治争论中可以达成共识的天真愿望混为一谈，因为与哲学家的"无休止的商谈"不同，政治讨论在决策压力下总是限时的。正是由于意识到了决策的压力，基于实践理性的争论和辩护的态度才总是带有不耐烦的特点和尖酸刻薄的语气。同时，所有参与其中的参与者都知道，在媒体驱动的大众传播中，充其量只能算是合理的，但目前只能产生竞争性的公共舆论。有鉴于此，公民应该能够在投票站为自己做出明智的决定。只有在议会和其他国家机构中，才能在面对面的民主协商后做出具有法律约束力的决策。然而，选举结果必须在政治体制的更高层次上进行处理，以便选民在选举期间能够获得这样的印象：选举结果，即实际执行的政策，仍然与选民的投入以及他们对被委任管理政府的党派的选举承诺的取向有一种联系。

仅仅是政治制度的令人满意的表现还不足以使政府合法化，因为如果没有民主投票对选民实际"获得"的东西的明确参考，政治统治就会变得独立并成为家长式政权。换句话说，一旦政治公共领域腐败，失去功能，即便没有触及"法治"，政府或多或少地满足了选民的要求，国家也失去了民主的实质。在现代庞大的政治共同体中，只有当公共领域的媒体基础设施能够使公民自己合理的协商形成舆论和意愿时，才能避免这种潜在的危险。独立媒体的表达能力必须足够强大，以确保政治权力与公民产生的传播权——唯一"源自"人民的"权力"——之间的联系不被切断。

另一方面，民主合法化的统治也需要一个认为自己有权力制定政策的政府。仅仅出现民主控制的领导层的外在决策形象是不够的。当今盛行的政治风俗是民主控制的政治，这让单纯的权力机会主义适应系统之下有限的行动范围，这种民主控制的政治是不民主的，因为它既对国家的政治行动能力提出了质疑,又使公民社会和政治公共领域的政治舆论和意愿形成化为乌有。当政治精英被系统理论滋生的失败主义所麻痹时,民众就会对那些只是假装有能力并愿意采取行动的政府失去信心。

四

然而,对协商政治概念所遇到的误解的纠正,使人们注意到民主宪政国家经验性的且十分严格的规范性前提条件,从而引起了过分反对理想主义的过度解读。因此,我们有充分的理由考察一下当今流行的两种替代性解读,以在充分理解的规范性要求的情况下,研究它们是否与民主宪法的核心内容相符。[4] 一方直接继承了"原生态的"多元化表现,亦即自发的、不掺杂任何杂质的选民意志的多元表现,另一方则反过来赋予政治精英的专家判断以独特地位,不依赖于选民的投票和公共舆论。这两种选择都同样忽视了在政治公共领域形成开明和包容的公共舆论和意志的意义。因此,走出所谓的规范性的期望,这些解读称赞的是某种"现实主义",但我们今天观察到的政治倒退则引出了这样一个问题:在政治公共领域解体、政党和公共舆论互动瘫痪的情况下,民主国家会发生什么。

"多元主义"方法满足于这样一个事实,即民主宪法的主张通过"自由选举"的程序得到了实现,因为随着选民投票的统计汇总,每个公民个人的投票被平等地即以公平的方式计数,以这种形式"生效"。这种极简主义的解读淡化了民主投票是如何产生的问题。然而,在全国大选中,是个人选票的总和与分配决定了哪种目标的竞争力量将会用来治理国家。因此,无论结果是否由许多自主投下的个人选票组成,都与所有公民有关;它是选民用选票约束自己的"他们"的政府。由于每个人都是在期待这样的制度结果中投出自己的一票,即对所有公民都有同等的后果,所以只有当个人的选举决定产生于相应的、精确的共同政治意志形成时,才是一致的。从个人主义的角度来看,多元主义方法的所谓优势是将舆论和意志的形成方式视为个体的私人事务。因此,它忽略了一个基本问题。也就是说,它忽视了民主的公民的实际任务,即把他们每个人作为公民个人所拥有的个人利益与符合所有公民的共同利益的东西相结合。

"专家式"方案也是现实主义的,因为它强调了普通公民在忙于职业和私人生活的情况下,对其作为公民的政治角色所投入的时间、动机、注意力和认知力十分稀少。同时,它提醒我们,在现代社会中,政府和行政部门必须应对的任务越来越复杂。社会中各种自我调节的子系统的复杂性对于一个已经成为独立功能系统的国家组织来说，确实有缓解的作用。但是，如果政治专家承担起修复几乎所有其他功能系统的故障的责任，甚至追求形成政策的目标，他们就必须获得多样化和详细的专业知识。因此，这种说法认为，政治不仅不可避免地过度消耗公民的接受意愿和兴趣，而且也过度消耗他们的接受能力。根据技术官僚的观点，处理政治问题所需的专业知识与常识之间有着不可逾越的鸿沟，已经使公民自己不可能认真参与政治替代意见的形成。竞选活动的公民投票特征似乎也证实了这一点：为选民制作的竞选人的专业广告取代了无人阅读的政党纲领。嗯，这种描述也并非不切实际。但是，由于这个缺失，公民们再次付出代价，放弃了他们对其政治自主权的使用。

这两种方法的"现实主义"在于，它们将西方大众民主国家的政治意愿形成的特征程式化，而这些特征有足够的经验证据。同时，它们提出，这些特征，无论从规范的角度看是否被视为缺陷，在现代社会的生活条件下都是不可避免的。但对于这种更广泛的说法，绝没有令人信服的证据。我们社会的日益多元化是指生活的文化形式和个人生活方式的日益增多，这导致了一种普遍趋势，即大规模社会的社会融合负担更为强烈地从社会化的生活世界层面转移到政治公民身份层面,而公民身份的融合现在又与国家即前政治的关联彼此分离。不过,如果社会凝聚力必须越来越多地由更抽象的公民身份层面来保障,这种功能上的指令就更有利于政治舆论和意志的形成;在一定程度上,数字基础设施也会实现这一目标,但前提是要有相应的监管,而目前还缺乏这种监管。政治专家的专业知识和公民的公民常识的接受能力之间的鸿沟,也与此类似。诚然,政府和行政部门的工作也需要高水平的专业知识。但是,除了政治家本身必须从他们的专家那里获得信息之外,复杂的政治考量不能被转化成利益攸关的公民(即我们所有人)的日常思维语言,这根本不是事实,否则它们就不是政治考量。特别是在政治纲领的大方针和相应的备选方案的权衡方面,普通语言的解释是否切中问题的实质和理由,这是一个精妙的和专业的翻译问题。对于公民在正常情况下参与政治的意愿的怀疑,在右翼激进主义日益增长的情况下,必须十分谨慎地考察今天我们面前已经十分令人担忧的政治参与程度。这并不说明人们对政治信息的接受能力和意愿持怀疑态度,即使在那些往往具有较低社会地位和相对较低教育水平的阶层。在以普通学校教育水平衡量越来越聪明的人口中,相应的政治参与教育本身不需要因为公民的私人利益占主导地位而失败。

传统的右翼民粹主义——"我们就是人民"——与吓破了胆的阴谋论的自由主义的自我中心主义相结合,让我们感到不安,他们捍卫自己的主体自由权利,反对所谓唯一的伪民主宪政国家的想象中的压迫,这是足以扭转局势的理由。在我们今天看来并不特别稳定的民主国家的整体增长的资本主义社会中,只要政治公共领域的腐化在日益增长的社会不平等的基础上恶化到一定程度,那么这种令人惊讶的抵抗潜力就会浮现出来,并让政治制度从内部逐渐崩溃。

注　释

前　言

[1]　M. Seeliger, S. Sevignani (Hg.), *Ein erneuter Strukturwandel der Öffentlichkeit? (= Leviathan. Sonderband 37)*, Baden-Baden 2021.

[2]　J. Habermas, »Interview«, in: A. Bächtiger, J. S. Dryzek, J. Mansbridge, M. E. Warren (Hg.), *The Oxford Handbook of Deliberative Democracy*, Oxford 2018, 871-883.

[3]　J. Habermas, »Foreword«, in: E. Prattico (Hg.), *Habermas and the Crisis of Democracy. Interviews with Leading Thinkers*, London 2022 (i. E.).

第一部分　公共领域的新结构转型

[1]　M. Seeliger, S. Sevignani (Hg.), *Ein erneuter Strukturwandel der Öffentlichkeit? (= Leviathan. Sonderband 37)*, Baden-Baden 2021.

[2]　参见：B. Peters, *Die Integration moderner Gesellschaften*, Frankfurt / M. 1993, sowie ders., »On Public Deliberation and Public Culture: Reflections on the Public Sphere«, in: H. Wessler (Hg.), *Public Deliberation and Public Culture. The Writings of Bernard Peters*, London 2008, 134-159. 也可参见：H. Wessler, *Habermas and the Media*, Cambridge 2018.

[3] 关于政治和文学公共领域之间的关系，参见：J. Habermas, »Warum nicht lesen?«, in: F. Wagner, K. Raabe (Hg.), *Warum Lesen*, Berlin 2020, 99-123.

[4] 关于公民社会和政治公共领域在事实性和有效性中的作用的章节，与《公共领域的结构转型》最后一章中的考虑相联系，尤其是与 1990 年新版本的导言，参见：J. Habermas, *Faktizität und Geltung. Beiträge zur Diskurstheorie des Rechts und des demokratischen Rechtsstaats*, Frankfurt / M. 1992, 399-467; ders., *Strukturwandel der Öffentlichkeit. Untersuchungen zu einer Kategorie der bürgerlichen Gesellschaft* [1962], Frankfurt / M. 1990. 最新研究资料，参见：J. Habermas, »Hat die Demokratie noch eine epistemische Funktion? Empirische Forschung und normative Theorie«, in: ders., *Ach Europa*, Frankfurt / M. 2008, 177-191. 转载于：ders., *Philosophische Texte. Studienausgabe in fünf Bänden*, Frankfurt / M. 2009, Bd. 4: *Politische Theorie*, 87-139 (= 2009[a]).

[5] 然而，社会学理论通常会选择一种基本的概念性方法忽略有效性这一层面的认知意义，并将名义有效性的约束作用归结为制裁的威胁。

[6] 1791 年 9 月的法国宪法文本从目录开始，就对自然权利和公民权利进行了区分。通过这种方式，它考虑到了目前一般国家公民权利的范围与"自然"权利的有效性要求在时间上的差异，由于其人性，即所有人都平等地享有这些权利，这一点仍未实现，而且这种人性远远超出法国国家的领土边界。然而，悖谬的是，作为基本权利的人权和公民权利，即使在国家边界内也保留了普遍权利的含义，并以这种方式提醒现在和未来的几代人，如果不积极宣传这些权利的自我责任，那么至少要提醒他们普遍人权的规范性过度内容的特殊性，超越其颁布时受领土限制的临时特性。道德过剩也在适用的基本权利中留下了尚未满足的规范性内容的痕迹，这些痕迹暴露了未饱和规范的一些令人不安的特征。缺乏"饱和度"涉及利用既定基本权利的不确定的剩余内容的时间层面，这种内容在政治社会中仍

然悬而未决，并且仍然有待于以事实的形式加以说明，同时也涉及在世界范围内实施人权的空间层面，这种情况仍然有待于解决。

[7] D. Gaus, »Rationale Rekonstruktion als Methode politischer Theorie zwischen Gesellschaftskritik und empirischer Politikwissenschaft«, in: *Politische Vierteljahresschrift*, 54 :2, 2013, 231-255.

[8] 参见：Habermas (2018).

[9] 参见：Habermas (2009a). 也可参见：J. Habermas, »Über den internen Zusammenhang von Rechtsstaat und Demokratie«, in: ders. (2009), Bd. 4, 140-153 (2009[b]).

[10] 在《关于公共领域与民主之间的关系——新的结构转型？》中，泽利格和萨维尼亚尼从公共事务的透明度、公民的总体方向，以及主题和文稿的相互正当性等方面明确了这一核心作用。参见：Seeliger, *Sevignani* (2021), 9-42, here 11.

[11] 从规范上讲，让公民满意的所谓政府行动的产出合法性并不符合民主合法行动的条件，因为这种国家服务虽然与公民的利益相吻合，但在执行公民自己的民主形成的意志时却没有满足他们的利益。

[12] 参见我对克里斯蒂娜·娜丰（Cristina Lafont）的一个评论：J. Habermas, »Commentary on Cristina Lafont, Democracy Without Shortcuts«, in: *Journal of Deliberative Democracy*, 16:2, 2020, 10-14.

[13] 参见：R. Forst, *Toleranz im Konflikt. Geschichte, Gehalt und Gegenwart eines umstrittenen Begriffs*, Frankfurt / M. 2003.

[14] 关于团结的政治概念，参见：J. Habermas, *Im Sog der Technokratie*, Berlin 2013, 100-105.

[15] 参见：A. Schäfer, *Der Verlust politischer Gleichheit*, Frankfurt / M. 2015.

[16] A. Schäfer, M. Zürn, *Die demokratische Regression*, Berlin 2021.

[17] 当代右翼民粹主义的现象说明，在合理稳定的民主国家中，协商政治的理念与舆论和意志形成的清醒事实之间存在巨大的规范梯度，这种梯度通过公民的直觉扎根于社会实在本身。关于选举行为，民众的信息和政治意识水平，各党派的专业选举广告、公共关系、竞

选策略等方面的实证研究，早已为我们提供了政治舆论和意志形成的现实图景，但这些事实本身和它们的知识通常都不会动摇积极和消极选民的假设，即"选民意愿"，无论他们自己是否同意结果，都会得到充分尊重，并为未来政策制定方向。然而，正如关于"制度党"的谈论所显示的那样，即使这种长期忍受的规范性暗示，如果在广大民众中受到持续的撼动，也会变成相反的结果。那么"我们"就是知道什么是真、什么是假的人，即使争论也不再构成与"他人"的桥梁。

[18] 参见：P. Staab, T. Thiel, »Privatisierung ohne Privatismus. Strukturwandel der Öffentlichkeit und soziale Medien«, in: Seeliger, *Sevignani* (2021), 277-297, hier 275ff.

[19] 参见：J. Habermas, *Zur Verfassung Europas*, Berlin 2011.

[20] 参见：M. Zürn, »Öffentlichkeit und Global Governance«, in: Seeliger, *Sevignani* (2021), 160-187.

[21] J. Steiner, A. Bächtiger, M. Spörndli, M. R. Steenbergen, *Deliberative Politics in Action*, Cambridge 2004.

[22] 在加速和倍增的信息流中，全球范围的边界消解促使克劳迪娅·里齐（Claudia Ritzi）建议，代替中心和边缘的形象，"宇宙"的概念应该被用作描述当代政治公共领域的隐喻。它开启了对当代公共空间的无边界性的认识。C. Ritzi, »Libration im Öffentlichkeitsuniversum«, in: Seeliger, *Sevignani* (2021), 298-319, hier 305.

[23] 参见：S. Sevignani, »Ideologische Öffentlichkeit im digitalen Strukturwandel«, in: Seeliger, *Sevignani* (2021), 43-67.

[24] 在下文中，我参考了与尤尔根·杰哈德（Jürgen Gerhards）的通信以及他的解释性建议，他提请我注意德国公共广播联盟（ARD）和德国电视二台（ZDF）对1964—2020年期间大众传播的长期研究结果。2019年秋季，欧洲晴雨表也提供了可以得出进一步结论的数据。

[25] 参见：S. Zuboff, *Das Zeitalter des* Überwachungskapitalismus, Frankfurt /

M. 2018.

[26] 参见: C. Fuchs, »Soziale Medien und Öffentlichkeit«, in: ders., *Das digitale Kapital. Zur Kritik der politischen Ökonomie des 21. Jahrhunderts*, Wien 2021, 235-272.

[27] O. Jarren, R. Fischer, »Die Plattformisierung von Öffentlichkeit und der Relevanzverlust des Journalismus als demokratische Herausforderung«, in: Seeliger, *Sevignani*(2021), 365-384.

[28] O. Jarren, R. Fischer, »Die Plattformisierung von Öffentlichkeit und der Relevanzverlust des Journalismus als demokratische Herausforderung«, in: Seeliger, *Sevignani* (2021), 370.

[29] 参见: Staab, Thiel (2021); A. Reckwitz, *Die Gesellschaft der Singularitäten. Zum Strukturwandel der Moderne*, Berlin 2017.

[30] 如浪漫派的相关例子所示,文学书信满足了审美标准,因此也满足了公共利益。当然,这也是一个例外。

[31] 我感到遗憾的是,在给定的框架内,我不能理解特伦兹(H. J. Trenz)更深远的思考。H. J. Trenz, »Öffentlichkeitstheorie als Erkenntnis-theorie moderner Gesellschaft«, in: Seeliger, *Sevignani* (2021), 385-405, eingehen zu können.

[32] 参见: W. L. Bennett, B. Pfetsch »Rethinking Political Communication in a Time of Disrupted Public Spheres«, in: *Journal of Communication*, 68:2, 2018, 243-253.

[33] 参见一个生动介绍: A. Barthelmess, *Die große Zerstörung. Was der digitale Bruch mit unserem Leben macht*, Berlin 2020, bes. Kap. 7, 128-155.

[34] 这种"半公共领域"的环境也可以被描述为半私有化的公共领域;菲利普·斯塔布、索斯滕·蒂埃尔用他们的文章标题"没有私有化的私有化"(见本部分注18)抓住了这个特点。

[35] R. Jaster, D. Lanius, »Fake News in Politik und Öffentlichkeit«, in: R. Hohlfeld, M. Harnischmacher, E. Heinke, L. Lehner, M. Sengl

(Hg.), *Fake News und Desinformation*, Baden-Baden 2020, 245-269.

[36] 关于特朗普和假新闻，参见：M. Oswald, »Der Begriff ›Fake News‹ als rhetorisches Mittel des Framings in der politischen Kommunikation«, in: Hohlfeld u. a. (2020), 61-82.

[37] 参见：R. Hohlfeld, »Die Post-Truth-Ära: Kommunikation im Zeitalter von gefühlten Wahrheiten und Alternativen Fakten«, in: Hohlfeld u. a. (2020), 43-60.

[38] 有关合理的定位，参见：S. Berg, N. Rakowski, T. Thiel, »Die digitale Konstellation. Eine Positionsbestimmung«, in: *Zeitschrift für Politikwissenschaft*, 30, 2020, 171-191.

[39] 那些看穿这种联系的人认识到，今天对公共广播公司的设施和节目的批评具有最终权威性，并且直指话语公共领域的基础。电视台和广播电台与高质量的新闻界一起，正在抵制公共领域的"平台化"和公共意识的商品化的拉动，而后者的经济基础很快只能在公众支持的帮助下得到保证。参见：Fuchs (2021).

第二部分　协商民主

[1] 也可参见：D. Gaus, »Discourse Theory's Claim: Reconstructing the Epistemic Meaning of Democracy as a Deliberative System«, in: *Philosophy and Social Criticism*, 42:6, 2015, 503-525.

[2] M. E. Warren, J. Mansbridge, »Deliberative Negotiation«, in: J. Mansbridge, C. J. Martin (Hg.), *Negotiating Agreement in Politics*, Washington, D. C., 2013, 86-120, hier 98f.

第三部分　协商民主是什么意思？

[1] 参见：J. Habermas, »Corona und der Schutz des Lebens. Zur Grundrechtsdebatte in der pandemischen Ausnahme-situation«, in: *Blätter für deutsche und internationale Politik*, 9, 2021, 65-78.

[2] 当然，这不仅在发生灾难即来自外部的偶然危险的情况下，而且在

社会冲突的情况下，当感到被忽视、被压迫，甚至只是不安全的社会阶层或文化群体从其他人群中分裂出来，并作为系统的反对派"退出"共同的政治文化时，也是以不同的方式。在一些地方，这两种潜力似乎在否认新冠的人和右翼极端分子之中合而为一。

[3]　J. Bohman, W. Rehg (Hg.), *Deliberative Democracy. Essays on Reason and Politics*, Cambridge 1997. 最新文献参见：C. Lafont, *Unverkürzte Demokratie. Eine Theorie deliberativer Bürgerbeteiligung*, Berlin 2021.

[4]　关于这种批评的最新文献，参见：Lafont (2021).

从公共领域到数字界面：

哈贝马斯与数字时代的公共领域转型

——代译后记

蓝 江

2022年，不来梅大学劳动和经济研究所的马丁·泽利格和耶拿·弗里德里希·席勒大学的塞巴斯蒂安·萨维尼亚尼给哈贝马斯出了一道题目。在新书《公共领域的新结构转型》的前言中，哈贝马斯明确指出了这就是他撰写这本新书的动机："我要感谢我的同事马丁·泽利格和塞巴斯蒂安·萨维尼亚尼，他们关于我们当前是否应该谈论公共领域的'新'结构性变化的探讨，激励我重新审视这个老问题。"[1]哈贝马斯强调，他是在两位同事的邀请下，重新来审视他在60年前的代表作《公共领域的结构转型》一

---

1 [德]尤尔根·哈贝马斯：《公共领域的新结构转型》，蓝江译，北京，中信出版社，2024年，第1页。

书中所提出的问题,从而让这部曾经在20世纪60年代为年青的哈贝马斯带来巨大学术声誉的著作再次浮出水面。很长一段时间以来,哈贝马斯已经没有再去关注一些新问题,并未像他在20世纪末和21世纪最初十年里那样笔耕不辍。但在2022年,经历了特朗普和拜登的竞选、新冠肆虐全球、俄乌军事冲突等一系列事件之后,他在新书中开始思考一个新的问题,即在数字媒体的介入下,他一直以来所推崇的商谈伦理和协商政治,以及让主体间进行交往和协商的公共空间是否因此而发生转型,这种转型对于现代性,对于全球政治,对于主体间的商谈伦理来说,究竟意味着什么?对于这些问题的回答,我们必须回到60年前《公共领域的结构转型》的语境中,来思考哈贝马斯暮年的理论关怀。

一、公共领域的历史构成

世事沧桑,理论思考亦不可能是一成不变的。这一点也适用于哈贝马斯在60年的跨度里如何思考资本主义社会中"公共领域的结构转型"问题。

20世纪60年代,深受法兰克福学派批判理论影响的哈贝马斯,在韦伯式的社会科学方法的指引下,试图探讨在具体的现代历史发展过程中，资本社会的集体同一性和个体身份是如何在历史变革中形成的。写作《公共领域的结构转型》时，哈贝马斯刚刚离开法兰克福社会研究所，来到马堡，并向马堡大学的政治学家沃尔夫冈·阿本德罗德（Wolfgang Abendroth）提交了教授资格论文。正如泽利格和萨维尼亚尼的评价所说："在这本开创性的著作中，尤尔根·哈贝马斯提出了通过合理的交往来形成社会秩序的可能性问题，这个问题在他后来的工作中得到不断的阐述和完善。为了回答这个问题，哈贝马斯重构了政治公共领域的发展，从17世纪末的英国到20世纪60年代的德国法团主义，着眼于政治公众交往的发展。"[1]在《公共领域的结构转型》中提出的问题，即资本主义社会中公共领域的形成，已经经历了半个多世纪的演变，但公共领域的问题并没有因此而消退，尤其在特朗普当选总统和欧洲右翼民粹主义兴起的背景下，让哈贝马斯不得不重新思考这个60年前的主题。那个曾经被他论证并成为资本主义根基的公共领域，如何遭到数字时代的民粹主义的侵蚀，大数据技术、互联网技术、智能算法的应用是否会挑战传统资本

---

[1] Martin Seeliger, Sebastian Sevignani, "A New Structural Transformation of the Public Sphere? An Introduction," *Theory, Culture & Society*, 2022, Vol. 39(4). p.4.

主义的公共空间，以及由此形成的协商民主政治制度的合法性，换言之，哈贝马斯关心的是，诸如美国的特朗普、法国的勒庞、巴西的博索纳罗等经过合法政治选举上台的右翼民粹主义领导人是否会成为民主政治的常态，而这种常态是否最终让已经陷入合法性危机的现代性体制更加摇摇欲坠？在这些问题面前，如果仍然坚持主体间性的交往理性，坚持商谈伦理和协商政治的合法性，那么，哈贝马斯就需要对数字媒介下的公共领域给出新的解释。

此外，在哈贝马斯面前还有一个理论上的挑战。他在20世纪80年代用两卷《交往行为理论》开创的主体间性的商谈伦理，其理论根源就是《公共领域的结构转型》中对资本主义社会中公共领域的历史形成过程的梳理：从家庭中的私人领域和公共领域的划分，到沙龙和咖啡馆的文学评论和政治见解，以及印刷媒体兴起带来的报纸、杂志、书籍的流行，从而产生了以印刷品为主要媒介的资产阶级公共空间，再到20世纪六七十年代广播电视的崛起，从而缔造了新的公共舆论下的公众。这成为《公共领域的结构转型》最重要的理论主题，因为我们可以看到当代商谈伦理学和协商政治并不是什么抽象的理论构建，而是在资本主义社会的历史演变中，通过传播和交往媒介的变化，塑造了主体间性交往的公共空间。《交往行为理论》的主体间性逻辑之所以能够成立，不仅仅在于理论上的演绎，而且在于对现代媒体造成的公共空间的反思。但是，这些问题在面对互联网和数字媒体的兴起时产生了一个新的问题，也就是说，随着从印刷媒体、广播电视媒体进入数字媒体和平台媒体之后，曾经被作为资本主义公共领域的商谈交往空间，是否因此而发生变革，从而为一种新形态的伦理铺平了道路？

我们首先来分析一下哈贝马斯如何看待现代资产阶级公共空间的兴起。在《公共领域的结构转型》一书中，他首先谈到了18世纪英国资产阶级和贵族阶级的家庭布局的变化：

> 现代大都市的私人住所都会把全家公用的整个空间限制得再小不过了：本来是宽敞的前厅变成了又小又窄的过道……相反，每个家庭成员独有的房间却越来越多，布置得越来越有个性。家庭成员在住宅内部的独立化是最值得重视的。[1]

---

[1] [德]哈贝马斯：《公共领域的结构转型》，曹卫东等译，上海，学林出版社，1999年，第49页。

哈贝马斯从里尔的《论家庭》中引述了这段文字，并不是简单说明在封建社会末期和近代早期的资产阶级和底层贵族家庭的布局空间的变化，而是观察到家庭空间越来越不是所有家庭成员的共处空间，相反，每一家庭成员获得了自己相对独立的空间，即每个人都可以在自己的个人空间里处理相对隐私的事情。这意味着，在近代早期，出现了私人领域和空间，而私人空间的出现恰恰代表着个人身份从巨大的家族背景下脱离出来，家庭成员不再是彼此不分的总体，而是独立为具有主体性的个体，而私人领域就是让个人主体可以存在的空间。与之对应，家庭中也出现了另一种空间，这种空间叫作"沙龙"。哈贝马斯明确指出："典型的市民住宅中最重要的场所是一个全新的房间，即沙龙……但是，沙龙不是供家庭所用，而是用于社交，这种沙龙的社交意义和由一定的朋友组成的既封闭又狭小的圈子不可同日而语。"[1] 显然，在18世纪英国，市民的社交已经成了一个重要的活动，以至于在家庭的空间中都不得不开辟出一个专门的空间来支持社会交往。沙龙这样专用于款待客人、接待家庭之外的社会成员的空间，日益在资本主义发展过程中起着十分重要的作用。

1　[德] 哈贝马斯：《公共领域的结构转型》，曹卫东等译，第50页。

除了家庭中的沙龙空间之外，由于17世纪中叶咖啡作为一种中上层阶级的饮品流传到欧洲，那些具有一定经济地位和社会影响力的市民开始在咖啡馆聚集，一个用来品尝新型饮品的场所，迅速发展成为底层贵族和新兴资产阶级聚集的场所。据统计，在18世纪中叶，伦敦市区已经拥有3 000多家咖啡馆。起初，这些具有一定社会地位的贵族和市民阶层讨论的是文学和艺术批评，但"围绕着文学和艺术作品所展开的批评很快就扩大为关于经济和政治的争论"[1]，这种政治争论带来的后果是：一方面咖啡馆吸引了更多市民的加入，另一方面让咖啡馆的"人们自以为有一种自由"[2]，而这种自由制造了某种公众舆论，甚至对国王和政府产生了一定的影响。由此可见，咖啡馆已经从一个纯粹消费空间成为广大市民阶级政治聚会的空间，在18世纪的法国，咖啡馆甚至成为酝酿革命的温床。在一定意义上，咖啡馆成了名副其实的公共领域。

因此，在近代资本主义形成的过程中，我们发现了一种双重运动：一方面，私人领域从家庭领域中独立出来，让个体可以在这个空间形成独立自主的主体；另一方面，

---

[1] [德]哈贝马斯：《公共领域的结构转型》，曹卫东等译，第38页。
[2] 同上书，第70页。

家庭的主人以独立的身份在沙龙中参与社会交往，并形成了资本主义社会最基层的关系网络。这就是哈贝马斯谈到公民社会形成的第一个前提，即私人领域和公共领域的区分，它们从传统的家庭领域中分离出来，从而成为构成现代资本主义主体身份的双重方式，哈贝马斯指出："资产阶级的个人既是财产和人格的所有者，又是众人中的一员，即既是资产者，又是个人。……成熟的资产阶级公共领域永远都建立在组成公众的私人所具有的双重角色，即作为物主和人的虚构统一性基础之上。"[1]

影响现代资本主义社会公共领域历史构成的另一个因素，则是以印刷媒体为主要形式形成的公共舆论。原先的沙龙和咖啡馆虽然产生了一定的公共舆论影响，但这种影响力与印刷的报刊无法媲美。哈贝马斯观察到，一开始，报刊的主要功能是资产阶级的商会为了更加灵活地开展贸易而沟通信息用的。但很快，这些资产阶级发现了定期发行的公开报刊具有更重要的功能。哈贝马斯看到：

> 这个行业的算计遵循的是早期资本主义轻度的利润最大化这样一些传统原则。出版商的目的纯粹是为

---

[1] [德]哈贝马斯：《公共领域的结构转型》，曹卫东等译，第59页。

了做生意。他们的活动基本上都是局限于新闻交流与新闻监督。但是，报刊一旦从纯粹新闻报道发展成为思想传播时，当个体文人的新闻写作互相产生竞争时，一种新的因素——广义上的政治因素，就与原来的经济因素结合起来了。[1]

在哈贝马斯看来，在报刊业的推动下，原先小范围的社会交往已经扩大成为真正的大众传播，由于报刊日益向公众开放，允许各个负责任的撰稿人长期讨论公共政治和经济问题，让整个公共空间发生了结构转型，这就形成了以各个公民主体彼此参与互动而形成的公共舆论。在公民平等参与到报刊业为主要媒介的公共空间讨论之中的时候，"资产阶级公共领域已经开始结构转型，各种社交机制为具有批判性的公众相互接触提供了保障"[2]。以印刷报刊为媒介的公共舆论，不仅仅是通过主体之间的论述和言说形成，更重要的是，它还促进了更多的公众参与到公共领域之中。哈贝马斯指出："大众报刊的基础是，广大阶层参与公共领域这一行为的商业功能发生转变，即，使大众

---

[1] [德]哈贝马斯：《公共领域的结构转型》，曹卫东等译，第218-219页。
[2] 同上书，第237页。

有能力参与公共领域。"[1]印刷报刊一方面扩大了广大公众参与的公共领域,另一方面也强化了参与公共领域的个人身份,而这一切为后来主体间性的交往理性的形成奠定了良好的历史基础。后来,在《交往行为理论》一书中,哈贝马斯提出:"在交往行为中,互动本身从一开始甚至就取决于,参与者相互之间能否在主体间性层面上对他们与世界的关联共同做出有效的评价。根据交往行为模式,一种互动要想成功地付诸实现,参与者相互之间就必须达成一种共识,而这种共识又取决于他们对待建立在充足理由基础上的要求所持的肯定或否定的立场。"[2] 不难看出,哈贝马斯所坚持的行为者的交往理性的历史基础,就在于通过印刷报刊媒体形成大众传播和公共舆论的公共空间。报刊业的公共空间,一方面通过一定的媒体机制让广大有教养的公民参与到政治和公共事务的讨论中,形成共识和公共舆论;另一方面,这些共识和公共舆论形成一种共同遵守的规范,从而塑造着现代公民主体及其主体间性的形成。在这个意义上,哈贝马斯的主体间性的交往行为理论及其交往的公共空间,在历史层面上依赖于两个基本条件:首先

---

1 [德]哈贝马斯:《公共领域的结构转型》,曹卫东等译,第195页。
2 [德]尤尔根·哈贝马斯:《交往行为理论》(第一卷),曹卫东译,上海,上海人民出版社,2004年,第104页。

是公共领域和私人领域的区分，从而让封建家族空间逐渐消亡，让位于资产阶级的个体和公共空间；其次是在现代资本主义社会规范下形成的公民的广泛参与，从而达成主体间的共识，而这种主体间的商谈与共识成为理解当代政治文化的前提条件。

二、数字媒体下的商谈伦理的境遇

为什么哈贝马斯如此关心公共空间中的主体间的商谈和协商？为什么哈贝马斯并不像他的德国古典观念论的先辈一样，从一个抽象的先验性原则来推导出主体的实践理性法则？这不仅因为在 20 世纪，康德式的先验理性遭遇到尼采、弗洛伊德以及后现代主义的怀疑论的挑战，更重要的是哈贝马斯意识到，人们的行为规则不可能依赖纯粹理性的规则来建立，所有人类社会的行为规范都必须建立在公共空间中的主体间的交往和协商达成的共识和规范基础之上。在 1999 年的一次访谈中，哈贝马斯对自己提出的在公共空间中的商谈协商原则进行了一番说明，他指出："我所说的时间是一种在理性原则指导下的时间，而不是盲目的、无任何理论规范的实践。……但是，这里的理性不是一种神秘抽象的、虚无缥缈的、由精神虚构出来的纯思辨的东西,而是具体的,存在并体现于人的认识、言说和行为之中。"[1]哈贝马斯的这个论断,一方面将自己与纯粹思辨的德国观念论传统拉开了差距,另一方面,他认为自己的公共空间中依赖于主体间交往形成的商谈伦理,与那种解构了任何规范的虚无式的后现代主义保持了距离。在哈贝马斯看来,一方面,通过将公共空间与私人空间区分来看,保障了个体自由和特殊权利的行使;另一方面,公共空间是有规范的,但这种规范不是抽象的给予,而是通过主体间的商谈和协商形成的共识,并在这种共识性规范下指导人们的认识、言说和行为。也正是通过这种方式,哈贝马斯试图用公共空间的商谈伦理来协调西方传统政治哲学中个体性和公共性的鸿沟,从而让生活世界既不会笼罩在抽象的普遍主义规范迷雾之中,也不至于在极端推崇个体性和解构的后现代主义思潮下走向解体。哈贝马斯明确指出:"社会一体化只有通过抽象而具有个体主义特征的普遍主义才能继续进行下去,也不一定会打破社会领域中与相互承认关系紧密结合在一起的主体间性网络。……在结构发生分化的生活世界中,一开始就在运作的原则得到了

---

[1] [德] 尤尔根·哈贝马斯:《作为未来的过去》,章国锋译,杭州,浙江人民出版社,2001年,第130~131页。

承认：在同样的语境中，社会化构成就是一个个体化过程，反之，个体化过程也是社会化构成。"[1]在这个意义上，哈贝马斯的交往行为理论是一种折中主义的方案，即在抽象的社会规范和具体的行为个体之间建立起一个可以沟通的桥梁，而公共领域与私人领域之分，行为主体积极参与到公共空间的商谈中，并在主体间的协商共识中达成规范，让这些经过协商和共识形成的规范成为衔接主体间实践行为的准则，成为哈贝马斯的商谈伦理最核心的内容，而这种商谈伦理进一步为当代西方社会的自由民主制度提供了伦理上的支撑和论证。

问题在于，哈贝马斯在20世纪八九十年代构建的主体间的交往理性原则和商谈伦理实际上有一个历史的前提，这就是其早期著作《公共领域的结构转型》中提到的资产阶级公共空间在历史中的形成，换言之，随着沙龙、咖啡馆、报刊媒体以及后来电子化的大众传媒（哈贝马斯指的主要是广播和电视），营造出可以让个体独立出来发表政治和伦理见解并可以广泛参与和协商的媒体空间，在这个意义上，哈贝马斯的主体间的商谈伦理严重依赖于20

---

[1] ［德］于尔根·哈贝马斯：《现代性的哲学话语》，曹卫东译，南京，译林出版社，2004年，第390页。

世纪末期的媒体环境。正如后来有学者指出的，尽管在 20 世纪八九十年代，哈贝马斯不再强调报刊业和新闻媒体是塑造主体间商谈的前提条件，但这种主体参与式商谈与那个时代的媒体环境有着脱不开的干系。例如，奥米德·A. 沙巴尼（Omid A. Shabani）批判性地指出："在生活世界的过程中，主流媒体协调和影响了政治和行政领域的行动，使这些系统失去了基于围绕更普遍的利益的协议的规范性监管。虽然这个过程解释了文化的贫乏和象征互动的变化，但它也使达成共识的商谈以及政治权力的合法性成为不可能。说白了，生活世界/系统的区分导致了两个问题。首先，由于生活世界和系统的逻辑和结构将权力置于主流媒介之下，该理论无法解释权力的合法使用。其次，主流媒介对于生活世界的共识驱动的商谈语境有一种同质化的效果，这种效果产生于可普遍化的利益的超越性特征。"[1] 沙巴尼的结论在于指出那个时期的主流媒介会对主体间的商谈产生一种重大影响，从而让哈贝马斯寄予厚望的公共空间的商谈伦理产生歧见和偏差，不能达成一个真正意义上不偏不倚的公正的共识和规范，而所达成的协商共识不过

---

[1] Omid A. Shabani, *Democracy, Power, and Legitimacy*：*The Critical Theory of Jürgen Habermas*, Toronto: University of Toronto Press, 2003. p.93.

是某些大媒体资本家和政治家权力控制的结果。对于哈贝马斯来说，这个评价并不一定完全正确，但沙巴尼的确指出了所谓公共领域的商谈伦理实际上就是在一定的生活世界中主流媒体环境下的商谈，尽管资本权力和政治权力并不一定能通过媒体彻底控制人们的商谈结果，但他们或多或少会受制于媒体提供的商谈条件，没有这个媒体公共领域的形成，主体间的商谈伦理亦无可能。简言之，按照沙巴尼的结论，如果引导我们的主流媒体发生变化，那么主体间的商谈伦理的规范性和公正性也会发生根本转型。

或许，在进入21世纪的第二个十年之后，沙巴尼对哈贝马斯的批判就不幸一语成谶。显然，在2022年的《公共领域的新结构转型》一书中，哈贝马斯也意识到了数字媒体兴起给他的商谈伦理框架带来的巨大冲击。于是，在面对传统纸质媒体日益衰微，而数字媒体尤其是自媒体和流媒体狂澜般的兴起时，哈贝马斯也认为这势必会为商谈伦理和协商政治带来不可估量的影响：

> 对于公共领域的媒体结构来说，这种平台特征实际上就是新媒体的新意所在。因为平台摒弃了传统媒体所扮演的新闻中介和节目设计的生产性角色；在这一点上，新媒体不是传统意义上的媒介，它们从根

本上改变了迄今为止在公共领域普遍存在的传播模式。因为它们在原则上赋予所有潜在用户以权力，使其成为独立和平等的作者。新媒体与传统媒体的不同之处在于，数字公司利用这一技术为潜在用户提供无限的数字网络可能性，就像为它们自己的传播内容提供白板。它们不负责自己的"节目"，即像传统的新闻服务或出版商如报刊、广播或电视那样，负责专业制作和编辑过滤其传播内容。它们不生产，不编辑，也不选择，但通过在全球网络中作为"不负责任的"中介创造新的联系，并随着呈定额倍增的偶然和意外，启动和加强不可预测的商谈内容，它们深刻地改变了公共传播的特征。[1]

在哈贝马斯看来，数字媒介与传统新闻媒介之间最重要的区别就在于是否存在一个"负责任"的调节者，这个调节者是一个过滤器，对于参与媒体环境下的公共领域的商谈起到一定的引导作用。哈贝马斯说："由大众传媒引导的公共传播是唯一的领域，在这里，各种声音可以凝结成相关的和有效的公共舆论。我们的主题是数字化如何改变控制这种大众传播的媒体系统。技术上和组织上高度复杂

---

1 ［德］尤尔根·哈贝马斯：《公共领域的新结构转型》，蓝江译，第30~31页。

的媒体系统需要一个专业化的工作人员，在公民凝结公共舆论的传播流中扮演守门人的角色（如现在所说的角色一样）。这些人员包括为新闻机构、媒体和出版社工作的记者，即在媒体和文学事业中履行作者、编辑、校对和管理职能的专业人士。这些人员对舆论进行产出的引导，与组织生产技术和组织发行销售的公司一起，构成了公共领域的基础设施。"[1]也就是说，在传统大众媒介中，一系列的新闻工作者充当着守门人的角色，他们的职责之一就是将大众言说中的商谈和噪声区分开来，从而保障公共商谈的流畅性和协商质量。也正是这个作用，让传统的大众媒介有一个公共领域的基础设施的支撑，一方面允许各种各样的主体言说进入商谈领域中，排斥了噪声，另一方面也保障了商谈和协商的公共性。但是，在数字媒介环境下，尤其是自媒体和流媒体的兴起，让这种公共领域的基础设施的角色变得不再重要。相反，数字媒体"将把用户从接收者的角色中解放出来，不局限于在有限的节目中进行选择，而让每个人都有机会在自发意见的随意交流中发出自己的声音"[2]。这样，在数字媒体中无拘无束地、无监管地发出自

---

[1] [德]尤尔根·哈贝马斯：《公共领域的新结构转型》，蓝江译，第27页。
[2] 同上书，第32页。

己声音的结果是，那些原先在印刷媒体和大众媒体时代只能出现在私人领域中的话语和行为，也毫无顾忌地出现在公共领域中，并肆意在公共领域中传播。在推特、脸书、抖音上，大量用户将自己私人生活的话语和形象上传，并到处流传，而那些情绪化的言说和私人领域的隐秘言辞也被大量上传到公共领域，从而干扰了公共领域的商谈伦理学的协商与讨论。

  60年前，哈贝马斯在《公共领域的结构转型》一书中提出公共领域形成的历史前提就是公共领域和私人领域的区分，公共的沙龙和私人的房间分离，这是产生资本主义公共空间的第一个瞬间。但在数字化的自媒体和流媒体环境下，这种私人和公共的区分已经变得不再必要，私人空间通过镜头和屏幕，可以与网络上的任何用户进行共享，尽管这个空间是私人领域，但自媒体和流媒体已经将这种领域数字化为一个展现的平台。各种个性化的频道和自拍让每个数字网络用户都成了作者，他们不再是大众传媒时代的受众，不再无条件地接受公共空间设定的种种规范，而是不断地尝试在自己的频道和链接中寻求所谓的刺激性突破，这让哈贝马斯感到警惕。因为一旦私人领域和公共领域的界限变得模糊，那就意味着，作为排他性的私人空间的性质会逐渐腐蚀掉公共空间的包容性，从而为社会公话",换言之,这种能够激发公众参与的大众媒介只存在于传播政治学的理论形态之中,真实世界的媒体并不是这个意义上的大众媒体,也无法激发公众的参与。那么,公众共同体也只存在于政治学的理论形态之中,我们更多看到的是米尔斯所涉及的"形式上的媒体",这些"形式上的媒体"只是面对大众经营一个媒体市场,从而保留那些能够为媒体带来利益的声音。

尽管米尔斯对公众共同体和大众共同体的区分采取了批判性的态度,但哈贝马斯在《公共领域的结构转型》中却给予这个区分另一种意义,哈贝马斯说:"非正式意见进入准公众舆论的循环当中,并且被这一循环所使用和改变,同样这种循环本身在公众的推广之下,也获得了公共性。……一种意见在何种程度上可以说是公众舆论,取决于如下的标准:该意见是否从公众组织内部的公共领域中产生,以及组织内部的公共领域与组织外部的公共领域的交往程度,而组织外部的公共领域是在传播过程中,通过大众传媒在社会组织和国家机构之间形成的。"[1] 不难看出,哈贝马斯的公众和大众(即非正式意见)的区分,准确来说,取决于公共领域,或者是组织内部的公共领域,或者

---

[1] [德]哈贝马斯:《公共领域的结构转型》,曹卫东等译,第295页。

题。60年前,在《公共领域的结构转型》结尾,哈贝马斯用米尔斯关于"大众"(Masse)和"公众"(Publikum)的区别,指出了公共领域中的舆论是如何运作的。对于米尔斯来说,真正的公共交往的主体是公众,因为公众不仅可以事实上参与和表达政治意见,也有严密组织,能够产生有效的行为和影响,在行动中,公众能够意识到自己是自主的。相反,对于大众来说,表达意见的人比倾听意见的人要少得多,主要传播形式无法真正对大众实施影响,也无法与官方进行沟通。因此,"在公众共同体里,讨论是占支配地位的交流方式,而大众媒介,如果存在的话,也完全是扩展和激励讨论,将原始的公众与其他讨论联结在一起。在大众社会里,占支配地位的传播方式是形式上的媒体(formal media),大众仅仅是媒体的市场:所有这些都暴露在特定的大众媒介的内容上"[1]。米尔斯的"公众"和"大众"的区分,实质上在于媒介的区别,公众共同体的媒体是一种理想状态的大众媒介,能够让所有参与的公众获得话语权,从而对政府的政治决策产生影响。但米尔斯有趣的是,他在大众媒介上加了一个状语"如果存在的

---

[1] [美]查尔斯·赖特·米尔斯:《权力精英》,王崑、许荣译,南京,南京大学出版社,2004年,第386页。译文根据英文版略有改动。

在特朗普执政期间，在美国已成为一种可怕的常态，也增加了欧洲对媒体的不信任。在欧洲晴雨表的民调中，41%的人不相信国家媒体的报道不受政治和经济压力的影响；39%的人明确肯定了对公共媒体的不信任。"[1] 无论如何，特朗普和"后真相"都代表着在数字媒体环境下公共领域中商谈伦理的衰落，那个包容性和协商共识的公共领域似乎已经带上了一道道深刻的裂纹，随时可以在呼喊着"假新闻"和"不相信"的民粹主义口号下的大众面前土崩瓦解。那么，对于生活在数字媒体时代的我们来说，问题在于，我们究竟是应该像哈贝马斯一样，在数字媒体时代挽救日益分裂和破碎的公共领域，还是在一个新的地基上来思考数字媒介下的新伦理空间的可能性？

三、公共领域的衰落与数字界面的兴起

当哈贝马斯对数字时代右翼民粹主义的冲击感到不安，并将这种不安视为公共领域和私人领域的疆界被打破时，他忽略了数字时代公共领域的新结构转型实际上发生在两个互为表里的方面，而不是单纯的数字民粹主义的问

---

1 [德] 尤尔根·哈贝马斯：《公共领域的新结构转型》，蓝江译，第36页。

共空间的整体分裂埋下祸端，哈贝马斯指出："公共传媒的数字化模糊了人们对生活中私人领域和公共领域之间界限的感知，尽管这种区分的社会结构的前提条件没有发生改变，这也对法律制度产生了深远的影响。从今天社交媒体用户在其中活动的半私密、半公共的交往空间来看，以前与私人领域明显分离的公共领域的包容性特征正在消失。"[1] 也就是说，在报刊媒体和大众媒体的监控下，由于那些在私人领域中的排他性言论被排斥，才容许了公共空间的包容性，维持了主体间性商谈伦理的公共领域的团结一致。相反，一旦脱离公共空间的基础设施，一旦没有了严格区分私人话语和公共商谈的基础设施的支撑，那些排他性的话语势必进入公共空间之中，那么公共领域的包容性和商谈伦理的合法性势必让位于分裂的排斥性和彼此攻讦的矛盾性。

或许正因如此，哈贝马斯才将特朗普的上台看成数字媒体下商谈伦理衰落的一个征兆，而这个征兆的另一个表象就是普遍性的不信任，将整个媒体空间视为一个"后真相"（post-truth）的空间。哈贝马斯指出："假新闻对政治公众的日益渗透，特别是向'后真相民主'的惊人发展，

---

[1] ［德］尤尔根·哈贝马斯：《公共领域的新结构转型》，蓝江译，第20页。

是外部的公共领域。换言之，公众的商谈行为和协商政治，首先经历了公共领域的一道过滤，只有通过公共领域的过滤，非正式意见才能变成可以参加商谈的主体间的公众舆论。一个生命体，或者一个非正式的大众，他的意见，他的言说，他的行为首先不是作为直接可以参与商谈和协商的主体话语和行为而存在，一个公共领域的过滤和筛选机制成了决定商谈行为是否正式和规范的标准，唯有当大众穿越了这道筛选的滤网，他们的话语才能成为公众的正式话语。那么，在哈贝马斯公共领域的设定中，最重要的不是主体说了什么，而是主体的言说或话语是否能真正通过这道筛选之网，是否进入了公共领域当中。

这就不难理解，对于数字媒体的兴起，哈贝马斯首先感到困惑的是私人领域和公共领域之间"负责任"的守门人机制的消失，正是这个守门人机制，在传统的大众媒体中将绝大多数不适合出现在公共领域的话语和行为挡在了媒体传播机制之外，也让公共领域的商谈和协商具有形式上的规范性和合法性。在面对数字媒介，尤其是自媒体和流媒体带来的混乱时，今天的哈贝马斯只能感到："在一定程度上，数字基础设施也会实现这一目标，但前提是要有相应的监管，而目前还缺乏这种监管。"[1] 因为，哈贝马斯认为解决类似特朗普之流的民粹主义意见在数字媒体上肆意传播的途径就是"数字监控"，尽管哈贝马斯也十分欣赏祖博夫（Zuboff）等人关于"监控资本主义"的批判[2]，但哈贝马斯仍然希望在数字时代找到一个"负责任"的守门人角色，从而重构一个从大众到公众的筛选阀门，保障公共领域的合法性。

然而，哈贝马斯没有看到的是，被他大声批判和挞伐的特朗普民粹主义现象，实际上恰恰是他所坚持的公共领域衰落的另一个结果造成的。因为问题并不在于公共领域的内容，恰恰在于公共领域的守门人和形式，在数字媒体时代，这种公共领域的筛选机制不是太弱了，而是太强了。虽然在表面上，数字媒体中的民粹主义是排他性的私人话语与包容性的公共话语之间的冲突，但更根本的原因却在于公共话语本身。简言之，公共领域商谈的话语本身并不是无条件的，在筛选机制中，它势必会带有某种形式上的强制力，即公共领域会事先决定什么样的话语是可说的。什么话语是不可说的，只有可说的话语才是合法的和

---

1 ［德］尤尔根·哈贝马斯：《公共领域的新结构转型》，蓝江译，第84页。
2 参见上书，第39页。

正式的话语，而被排斥在外的话语成了非正式的意见，不仅仅它们不可说，即便在公共领域中说出了不可说的话语，这种话语立即就会被隐匿或删除。如果回到哈贝马斯经典的交往行为理论，这就是一种"理想的商谈情境"。有趣的是，在这种"理想的商谈情境"中，我们看到的不是主体间的畅所欲言和言无不尽，不是在公众关心的公共议题上达成理性的共识，而是公众在公共领域的言说已经遭到一定程度的阉割，他们只能说出公共领域允许的话语，因此，他们达成的所谓共识，也只是公共领域的话语筛选机制所允许的结果。试想一下，在公共领域中，即便有人真的对女性、黑人、犹太人或性少数派的提议有不同看法，他们也不敢正面提出来。因为这种话语违背了公共领域的政治正确原则，以至于在公共领域中对于这类议题有着不同看法的主体，要么隐匿不言，要么像《国王的新装》中的臣民一样，装作政治正确，用虚伪的言说代表真实的看法。这就造成公共领域的商谈不再是真正意义上的商谈伦理，而是一种在"理想的商谈情境"规则制约下符合政治正确的话语；主体间性不再是公共参与的主体间性，而是伪君子和真小人之间的主体间性。

那么，数字媒体时代公共空间的结构转型实际上是面对两种变态的转型，一种是迫使那些心里并不认同公共领域话语规则的人，为了获得公共空间中商谈伦理和协商政治的利益，而伪装成支持公共领域一般商谈规则的犬儒主义。今天打着自由主义"左派"旗号，支持"黑命贵"运动和性少数派运动的很多政客，实际上就是坚持所谓的政治正确的投机派。他们并不是真的相信这种公共领域的话语形式，他们更像是相信这种话语形式背后所带来的巨大市场和政治权力，于是以伪君子的身份扮演着与公共领域保持一致的犬儒主义角色。与这类伪君子相反，以特朗普为代表的右翼民粹主义的本质是，他们坚决不愿意接受公共领域的形式法则，而以"我们就是人民""让美国再次伟大"这类口号冲击公共领域的商谈规则。当然，他们并不是为了真正摧毁公共空间，而是试图通过数字媒体的巨大影响力来消弭传统左翼自由主义的巨大话语权，这就是特朗普推特治国的奥秘。也正因为如此，斯蒂格勒才会认为"特朗普就是后真相时代的总统"[1]。

问题其实并不在于是应该恪守传统大众媒体建立起来的公共领域的边界和规则，还是像特朗普一样用民粹主义的口号来冲击公共领域的合法性，而是哈贝马斯忽略了一

---

[1] Bernard Stiegler, *Technics and Time 4: Faculties and Functions of Noesis in the Post-Truth Age,* trans. Daniel Ross, Stanford: Stanford University Press, 2021, p.36.

点，他的交往行为理论所寄望的话语和协商，实际上相当于古代神话中的面具。正如法国人类学家列维-斯特劳斯指出的："每种面具都有自己的神话，为其传说的或神奇力量的起源提供解释，而且奠定它在仪典、经济生活和社会中的位置。……归根结底，每个面具类型的基础神话之间存在的转换关系和仅在造型上支配着各种面具本身的转换关系，其性质实际上是相同的。"[1] 面具之所以存在，就是因为它需要在面具的象征性中面向一个神话世界，一旦主体戴上了面具，主体不再是主体，而是神话中的具体角色，从而让自己成为整个神话内容的一部分。与之类似，在当代社会中，当我们认为面具和神话已经消亡的地方，哈贝马斯的商谈伦理学却再一次复活了面具。当我们认为以主体的真诚参与到话语交往和商谈实践当中，可以合理合法地奠定现代社会的规范性基础的时候，拉康和齐泽克却告诉我们主体已经遭到了话语的阉割。简言之，话语就是今天的面具。当我们参与公共商谈的时候，我们不由自主地发现，尽管我们的主体没有彻底消失，但我们却无法完全展现我们自己，象征秩序在我们身上劈开了一道伤口，齐泽

---

[1] [法]克洛德·列维-斯特劳斯：《面具之道》，张祖建译，北京，中国人民大学出版社，2008年，第12页。

克指出:"位处我的直接心理认同和我的象征认同（我穿戴的象征面具或名衔,我在大他者之内的位置以及大他者眼中的我是什么）之间的裂口,就是被拉康称为'象征阉割'的东西。"[1]齐泽克所揭露的奥秘在于,我们认为戴上面具之后神话的大他者不再起作用之时,面具已经以话语和商谈的方式复活。它仍然是象征性,大他者不再以具象化神灵出现在面具的装扮之中,而是以一种幽灵般的大他者构成了话语的象征秩序,从而让主体（无论是单一主体,还是复数的主体间性）都成为它阉割的对象。在哈贝马斯为主体间性的商谈伦理弹冠相庆的时候,大他者已经再次出现在他的背后,幽灵般地注视着商谈中的诸多主体。规范性的秩序、商谈形成的伦理当然是主体间性的,但是只属于被阉割的主体间性,那个真诚的欲望的主体躲在话语的面具之后,无法言说。

那么,在今天的数字媒体时代,如果仍然存在某种公共领域的话,那个公共领域也绝不是哈贝马斯在 60 年前思考的资产阶级用商谈和协商的方式,面对面地构建起来的规范性的公共领域。正如齐泽克指出的,我们在数字媒

---

[1] [斯洛文尼亚]斯拉沃热·齐泽克:《面具与真相:拉康的七堂课》,唐键译,桂林,广西师范大学出版社,2022年,第 48 页。译文根据原文略有改动。

体中并不是真正地面对面，而是通过数字化中介形成的虚体彼此相望，或许可以称之为虚体际关系，而让我们的虚体际关系得以成立的，不是话语，而是界面（Inter-face）。尽管这个词的字面意思是面对面，但齐泽克给出了另一番精彩的解读："'界面'恰恰意味着我与他者的关系从来不是'面对面'的，它总是被中间的数字机制所中介，它代表着拉康的'大他者'，'大他者'是匿名的象征秩序，其结构就像一个迷宫。我'浏览着'，我在这个无限的空间里徘徊着，信息在这里自由交流，没有固定的目的地，而整个信息空间这一巨大的'杂语'回路，永远超出我的理解范围。"[1]换言之，在数字媒体构成的公共领域的新结构转型中，那种曾经支配着资产阶级的商谈和协商模式，逐步让位于被数字平台和大他者接入的界面空间，那么哈贝马斯的商谈伦理也就逐渐让位于界面伦理。在数字平台的界面空间中，重点不在于人们是否按照约定俗成的政治正确的话语来商谈和行事，而是这些主体是否按照数字底层协议的方式来行为和言说，最重要的关系不是主体和主体之间的关系，而是现实主体如果通过界面的中介进入那个新

---

[1] Slovaj Žižek, "What Can Psychoanalysis Tell Us About Cyberspace?" in Aner Govrin & Tair Caspi eds. *The Routledge International Handbook of Psychoanalysis and Philosophy*, London: Routledege, 2023. p.455.

的数字空间之中。我们拿起手机或打开电脑打开应用那一刻，我们已经被手机或电脑的应用界面所中介了，那个手持手机的我，那个在电脑屏幕前敲击键盘的我，不是以现实的身体，而是以在线注册的账号参与到数字媒体的各种应用之中，倘若没有那个注册账号，我们根本无法参与到数字公共领域中的任何行动。

显然，哈贝马斯并没有在他的新书中看到这一点，他仍然以 20 世纪的主体间性来审视数字空间中的法则，仍然认为曾经适用于印刷媒体的公共领域和今天数字媒体中的公共领域具有连续性。或许，哈贝马斯并没有真的理解他的同事马丁·泽利格和塞巴斯蒂安·萨维尼亚尼邀请他撰写《公共领域的新结构转型》的真正含义，我们需要的不仅仅是在数字空间中的主体间的协商政治的可能性，而是如何才能打破由界面协议构成的筛选机制，让政治彻底冲破传统大众媒体的公共领域中伪君子和真小人的对立模式，打破公共领域汇总隐含的话语法则的强迫，重新构想一个适合大众的公共空间和政治的可能性。